Princesa

Fernanda Farias de Albuquerque, geboren 1963 in Logoa Grande, Paraiba, verläßt Brasilien 1988 und geht nach Italien. Dort wird sie 1990 wegen versuchten Totschlags zu sechs Jahren Haft verurteilt. Im römischen Gefängnis Rebibbia schreibt sie die Geschichte ihres Lebens auf.

Maurizio Jannelli, geboren 1952, beteiligte sich seit 1976 am bewaffneten Kampf der »Brigate Rosse«. Im Gefängnis Rebibbia animierte er Fernanda, ihre Lebensgeschichte zu verfassen.

Zu diesem Buch:
Fernandas Bericht über ihr Leben ist die Geschichte eines unstimmigen Körpers, des Weges von einer Sexualität in die andere, der Gefangenschaft in der Zweideutigkeit. Aufgewachsen im Nordosten Brasiliens an der Grenze zur Caatinga, der Wüste der Verrückten, Heiligen und Banditen, ist Fernandinho seit seiner Geburt auf der Flucht vor seiner Andersartigkeit. Das Silikon und die plastische Chirurgie der »Bombadeiras« verwandeln ihn in Fernanda; die Metamorphose des Körpers zeichnet den Weg in die Prostitution vor. Die Leere und Gewalt in den kaputten Metropolen Brasiliens überdeckt Fernanda mit Drogen. Und die Flucht ins vermeintliche Paradies Europa endet mit einer Verurteilung wegen Totschlags.

Fernanda Farias de Albuquerque
Maurizio Jannelli

Princesa

Aus dem Italienischen
von Beatrice Humpert

Rotbuch Verlag

Die Deutsche Bibliothek - CIP-Einheitsaufnahme

Albuquerque, Fernanda Farias de:
Princesa : ein Stricherleben / Fernanda Farias de Albuquerque/
Maurizio Jannelli. - Hamburg : Rotbuch Verlag, 1996
(Rotbuch-Taschenbuch ; 1044)
ISBN 3-88022-372-6
NE: GT

Rotbuch Taschenbuch 1044

1. Auflage 1996
© der deutschsprachigen Ausgabe Rotbuch Verlag,
Hamburg 1996
Originaltitel: Princesa
© 1994 der Originalausgabe Edizioni
»Sensibili alle Foglie«, Rom
Umschlaggestaltung: MetaDesign
unter Verwendung eines Fotos von
Miguel Rio Branco, Focus/Magnum
Herstellung: Das Herstellungsbüro, Hamburg
Satz: H & G Herstellung, Hamburg
Druck und Bindung: Druckerei Wagner, Nördlingen
Printed in Germany 1996
ISBN 3-88022-372-6

Inhalt

Drei Lebenswege,
eine Geschichte

Eine tiefe Krise hatte Fernanda an die Schwelle des Unabwendbaren geführt. An dem Tag, in dem Augenblick, brach das Schreiben mit wilder Entschlossenheit in ihr Leben ein. Giovanni, der seinerseits kurze autobiographische Geschichten über sein Leben als Schafhirte schrieb, empfahl ihr die Medizin: schreiben, um nicht sich selbst zu verlieren, um nicht vernichtet zu werden von der zerstörerischen Kraft des Eingesperrtseins, um nicht zu vergessen, daß man als freier Mensch geboren wurde. Ich war damals gerade dabei, Ordnung in seine Notizen zu bringen, und so kam es, daß ich in diese Überlebensübung hineingezogen wurde. Über mehr als ein Jahr lang wanderten Hefte und Zettel zwischen meiner Zelle, der von Giovanni und der von Fernanda hin und her. Unsere Gedanken, unsere Diskussionen, unsere Tage hatten plötzlich den Weg in unerforschtes Gelände eingeschlagen. Fernanda führte uns in eine unbekannte Welt, die der Transsexuellen. Ihr Schreiben förderte anderes Schreiben zutage, meines. Ganz allmählich, wie bei einem Spiel, in dem man sich den Ball zuwirft, schufen wir uns den Raum für Begegnungen, für das gegenseitige Kennenlernen und nach und nach für viele andere Spiele, die wir vor den Wärtern zu verbergen hatten. Wie drei Schlafwandler verfolgten wir uns, zogen wir uns schwankend an dem sich spiralförmig emporwindenden Faden eines Briefwechsels entlang, der uns über die Mauern hinweg aus dem Gefängnis herausführte. So entstand *Princesa*. Aus unregelmäßigen Treffen, aus drei Geschichten, drei Menschen, die auf unterschiedlichen Wegen im Gefängnis gelandet waren: Mich hatte der bewaffnete Kampf der Roten Brigaden hierhergeführt, Fernanda die transsexuelle Prostitution, Giovanni ein Leben als Schafhirte und ein Raubüberfall.

Schauplatz unserer Begegnung war Rebibbia (das römische Gefängnis), erste Szene die Ankunft einer Gruppe von Angehörigen der Roten Brigaden, die sich mitten in einer Identitätskrise befanden, in der Abteilung G8. Der bewaffnete Kampf war vorbei, die alten Gewißheiten, die uns zusammengehalten hatten, zerronnen. Jeder hatte einen weiten Weg zurückgelegt, hatte Tausende von immer gleichen Tagen hinter sich, die aus nichts anderem bestanden hatten als aus den immer gleichen Riten eines kleinen, ausschließlich männlichen Universums. Auch ich befand mich unter ihnen. Am Anfang stiftete die Begegnung mit den Transen bei uns einige Verwirrung. Unvermutet gelangten Frauenparfüms an entwöhnte Geruchsorgane; an den Fenstern aufgehängte Röcke, Strümpfe und Büstenhalter sprengten die Monotonie vorhergehender Gefängniserfahrungen. Für uns, die einstigen Revolutionäre, eingeschnürt in die engen Zwangsjacken der Ideologie, waren diese Körper, die aussahen, als seien sie Pornoheften entstiegen, diese Körper, die auf dem Weg von einem Geschlecht zum anderen hängengeblieben waren, ein weiteres Attentat auf das übliche Gefängnisverhalten. Wie damit umgehen, daß sie in der weiblichen Form angeredet werden wollten, wie mit ihrer übertriebenen Anmache? Vor allem aber: Wie die Gespenster deuten, die sich nachts allmählich in unsere Träume schlichen?

Wir teilten uns in zwei Gruppen. In die Gleichgültigen, die es vermutlich nicht wenig Anstrengung kostete, jede Gemütsregung von sich zu weisen und zum Schweigen zu bringen, und in diejenigen, die unter tausend Selbstrechtfertigungen ihren widersprüchlichen Gefühlen, diesem zwiespältigen Hin- und Hergerissensein zwischen Anziehung und Abgestoßensein, Gehör schenkten. Ich entschied mich für diese Gruppe und lernte Fernanda durch Giovanni kennen.

Giovanni ist ein Schafhirte aus Sardinien. Vor sechzehn Jahren, als er gerade achtzehn war, stieg er vom Berg Alzu herunter, um sich auf die Suche nach dem großen Glück zu machen; mit der Waffe in der Hand betrat er eine Bank und traf dort sein Schicksal: das Zuchthaus. Er kam, um mich zu begrüßen. Wir hatten uns zehn Jahre zuvor im Hochsicherheitsgefängnis Fossombrone kennengelernt. Er warf einen fachmännischen Blick auf meine jetzige Unterbringung und informierte mich, wie mein Zellenvorgänger es angestellt hatte, die Anstalt auf dem kürzesten Wege zu verlassen: Er hatte sich mit einer Schnur um den Hals aufgehängt. Wir umarmten uns, wir freuten uns, daß wir uns wiedergetroffen hatten. Dann ging er weg, er hatte eine Verabredung. Fernanda erwartete ihn hinter den Gittern eines Fensters, das auf den Fußballplatz zeigte, der die Abteilung, wo die Transsexuellen untergebracht waren, von uns anderen trennte. Durch das Gitter erzählte sie ihm von Brasilien, vom Amazonas, von ihrem Leben als Prostituierte. Und er erzählte ihr von Sardinien, von der Kargheit seiner Erde, von seinem Leben. Sie erfanden eine eigene Sprache, sie erbauten eine Welt. Während der ganzen Zeit ihres Prozesses stand er ihr zur Seite, und nach ihrer Verurteilung schrieb er für sie alle

11

möglichen bürokratischen Bittschriften, um ein paar freie Tage für sie durchzusetzen. Romeo und Julia wurden sie von den anderen Gefangenen scherzhaft genannt. Aber das Gefängnis ist gemein und feige, und hinter dem Scherz verbargen sich oft Aggressivität und Bosheit. Wenn damals jemand mit den »Schwulen« sprach, wurde er von den übrigen Gefangenen aufs übelste gebrandmarkt. Viele protestierten gegen die »verseuchte« Nachbarschaft und wollten, daß Fernanda an einen anderen Ort verlegt wird. Giovanni ließ sich von dem Gerede nicht beeindrucken, dafür hatte er in fünfzehn Jahren zu viele Gefängnisse und Gefangene gesehen; und so füllten Fernandas Geschichten auch weiterhin seine Tage.

Mit jedem Schritt riskieren Schlafwandler den Sturz in die Leere, schwanken sie, ohne daß ein fester Boden unter den Füßen ihnen Sicherheit böte. Fernanda stürzte viele Male ab, während sie an ihren Aufzeichnungen schrieb. Sie verlor das Gleichgewicht, stolperte über eine ständig der Spannung ausgesetzte und in Zweifel gezogene sexuelle Identität. Sie geriet ins Wanken, als ihr mitgeteilt wurde, daß sie HIV-positiv sei, darüber, daß sie nicht bei ihrer Familie sein konnte, über die alltägliche Gewalt im Gefängnis. Der Boden entglitt ihr unter den Füßen, sie klammerte sich an uns. Und wir uns an sie. Denn auch Giovanni und ich rangen nach einem Sinn, einem Zeitgefühl, einer Identität, die nicht nur die wäre, die uns von unseren Wärtern immer wieder aufgelastet wurde. Zwei Jahre lang erlöste Fernandas Schreiben, das nie abreißen wollte, auch uns von quälenden Fragen, vom Schweigen, vom ewigen Hin und Her zwischen Neuanfang und Resignation.

Um mit Fernanda zu kommunizieren, beteiligte ich

mich aktiv am Entstehen der »neuen Sprache«, an dieser merkwürdigen, sowohl geschriebenen als auch gesprochenen Sprachmischung, die aus der Chemie unserer jeweiligen Muttersprachen allmählich entstand. Portugiesisch, Italienisch und Sardisch. In Fernandas Originalschriften finden sich wunderschöne Spuren des Sardischen, die auf ihren Lehrer zurückverweisen. Nur für uns war sie entstanden, diese einzigartige Sprache. Um sie einem größeren Publikum zugänglich zu machen, mußte sie dann natürlich verändert werden. Trotzdem sind die unterschiedlichen Handschriften und kulturellen Hintergründe vielleicht auch in der letzten Abschrift noch erkennbar.

Princesa ist nichts anderes als das vollendete Fragment einer größeren Geschichte, die über den Text hinausgeht, einer Geschichte, die bei der letzten Zeile des Buches beginnen könnte: beim Gefängnis und bei den Überraschungen, die eine Begegnung mit sich bringen kann. Diese Geschichte sichtbar zu machen, ist die Aufgabe dieser kurzen einleitenden Anmerkungen.

Die Idee, daraus ein Buch zu machen, kam von Renato Curcio, den Herausgeber Curcio meine ich, unserem Weggefährten und Zeugen dieses taumelnden Abenteuers. Besonderer Dank gilt auch Giorgio Benfanti für die Geduld, mit der er diesen Versuch unterstützt hat, ebenso Ombretta Borgia und Giancarlo Simoncelli für ihre Hilfe beim letzten Korrekturlesen und bei der Zusammenstellung des Glossars. Alle Grenzen und Unzulänglichkeiten gehen natürlich auf das Konto der Autoren.

Maurizio Jannelli

Princesa

Ich war sechs Jahre alt, und Cícera Maria da Conceição, meine Mutter, kam müde von der Feldarbeit, nahm mich in ihre Arme und legte mich sanft in das große Bett. Ich spürte sie im Halbschlaf und spüre sie heute noch, wie sie mir sanft die kurzen Hosen und das Hemdchen auszieht.

Manuel Farias de Albuquerque, ihr Mann, war gestorben, als sie mit mir schwanger war, vorher hatte sie allerdings schon zwei Schwestern und einen Bruder in die Welt gesetzt. Alaíde war die älteste, dann kam Aldenor, der erste Junge, und dann Adelaide. Alle sind verheiratet und in die großen Städte Brasiliens abgewandert. São Paulo und Rio de Janeiro.

Als letzte verließ Adelaide das Haus. Alvaro machte ihr den Hof, und sie wurde schwanger. Cícera machte die ganze Gemeinde mobil. Sie stürmte von den Mais- und Baumwollfeldern herbei, stürzte sich erst auf den Pfarrer und dann auf den Polizeivorsteher. Sie pochte auf ihr Recht, auf ihres und das ihrer Tochter: eine Heirat, jawohl. Anfangs leistete Alvaros Familie Widerstand. Aber dann schritt Donna Inacina ein, sprach mit allen reihum und brachte alles wieder ins Lot. Man weinte in der Kirche, feierte in der Fazenda. Für mich und meine kleinen Cousins gab's Guaranà und Süßes aus Goiaba. Für sie, die Großen, Jurubebalikör und Churrasco. Ein typisches Fest aus dem Nordosten. Ein Kalb und zwei Truthähne wurden geschlachtet. Alvaro ging mit Adelaide fort. Ich und Cícera blieben allein zurück.

Wenn wir abends, nachdem Sonne und Mais ihr Werk an ihr verrichtet hatten, in dem großen knarrenden Bett lagen, hörte ich sie jedesmal erleichtert aufatmen. Mama, wo ist mein Papa? Er ist tot, Fernandinho. Niemand wird seinen Platz einnehmen, nicht für mich und nicht für dich. Alle ihre Tränen waren für Manuel Farias, all ihre Einsamkeit. Ich verkroch mich in dieses Gefühl, sie drückte mich an die Brust.

Ich war die Kuh, Genir der Stier, Ivanildo das Kälbchen. Weit weg von allen, das war unser Geheimnis. Genir brüllte und lief hinter mir her. Eine Phantasie aus Schupsereien, Berührungen und keuchendem Atem. Er stieg auf die Kuh, ächzte, drehte und wand sich wie ein kleines Hündchen, das sich zu Füßen des Herrchens wälzt. Kinderpenis und Reiben. Ivanildo, das Kälbchen, mein kleiner Cousin, schob sich keuchend mit der Schnauze in dieses Inferno. Er machte mich ganz feucht überall und leckte mich unter dem Bauch. Oh, Ivanildo sucht die Brust! Meine kleine Brust. Er verschlingt sie, er beißt hinein. Ein Kitzeln, ein freudiges Beben. Das Spiel war aus, wenn Genir schließlich ganz außer Atem an mir klebte. Ich war kaputt. Aber Ivanildo, der konnte gar nicht genug kriegen: Hei, wir können doch noch das Spiel mit dem Schaf und dem Hammel spielen, oder mit dem Kater und der Katze. Eines Sonntags tauchte Onkel João aus dem Nichts auf und entdeckte uns. Da haben wir 'ne Menge Prügel bezogen; dann hat er alles Cícera erzählt.

Seid ihr denn völlig verrückt geworden! Von ihr kriegte ich dann auch noch 'ne Ladung. Tante Maria griff ein, die

Frau von João: Cícera, jetzt ist es aber genug! Er ist doch noch ein Kind, das sind doch nur Kinderspiele!

Dann fing das große Aufpassen an; sie kontrollierte mich von morgens bis abends. Genir und Ivanildo ließen nicht locker: Tante Cícera, laß doch Fernandinho mit uns spielen! Nein, kommt nicht in Frage, er hat im Haus zu tun, er muß die Körner sortieren. In Wirklichkeit machte sie das, das wußte ich genau, damit ich bei ihr bliebe: Fernandinho, leiste mir ein bißchen Gesellschaft. Komm und such den Mais aus den Bohnen heraus!

Als das dann losging mit den Beschimpfungen, wo immer ich auftauchte, da fing sie dann nach dem abendlichen Ave-Maria an, mir zuzuflüstern: Jetzt bist du doch schon groß, warum schläfst du nicht in Aldenors früherem Bett? Und ich: Nein, bitte nicht, da träume ich immer vom Wald. Da ist ein Hund, der mich beißt, und der Schwarze Mann, der mich verprügelt. Das sind doch nur Geschichten, die gibt es doch nur in deiner Phantasie, beruhigte sie mich. Wenn du schläfst, geht er auf Reisen und sieht und hört ganz viele Dinge. Dann kommt er zurück und erzählt. So sind Träume eben. Schöne Sachen, scheußliche Sachen. Wenn der Jaguar dir angst macht oder der Schwarze Mann dich ärgert, dann deck dich mit dem Hemdchen zu. Wenn du nicht nackt schläfst, wirst du auch keine Angst haben. Aber wenn du ihn wütend machst, dann kommt er nie wieder, und das ist gefährlich. Dann kommen Krankheit und Tod.

Ich machte ins Bett, ich bekreuzigte Stirn und Schultern, ich träumte vom Wald. Das geht noch eine ganze Weile so weiter, ich meine, daß ich ins Bett mache und daß ich bei ihr schlafe; bis ich vierzehn bin; bis heute mit dem Hemd und mit dem Alptraum vom Schwarzen Mann.

Mama, woher kommen eigentlich die Kinder? Gott bringt sie, mit dem Mitternachtsflugzeug. Bin ich auch so gekommen? Ja, Fernandinho. Am Morgen probierte ich's aus. Ich streckte mich im trockenen Gras aus und wartete, die Augen zum Himmel gerichtet, auf das Flugzeug und das Kindlein. Mit Josefa spielte ich Familie. Ein Häuschen, Töpfe, und jeder spielte so seine Rolle. Ich war die Mutter. Aber es war ja nicht Mitternacht und sie, die Cousine, wurde ganz giftig vor Wut: Du bist doch kein Mädchen, du bist ein Junge!

Fernandinho ist noch braver als eine Tochter, er steht früh auf und bringt mir Kaffee und süße Tapioca ans Bett. Er spült das Geschirr und will sogar die Wäsche waschen. In dem Alter waren nicht einmal Alaíde und Adelaide so fleißig.

So redete Cícera von mir, wenn sie mit Donna Inacina sprach. Und ich stehe da und höre heimlich zu und bin ganz stolz und glücklich.

Donna Inacina und ihre Töchter: Maria Aparecida und Maria das Graças. Wenn die Sonne untergegangen war, kamen sie oft zu uns. Inacina war seit kurzer Zeit Witwe. Die beiden Töchter hielt sie hinter Schloß und Riegel. Wegen diesem Mannsteufel, der um vaterlose Mädchen herumspringt, sagte sie. Sie brachte sie mit zu uns zum Bohnenschälen und Maisauskörnen. Zwei Witwen und zwei Töchter und ich. Holzfeuer, Gaslampen und Trancosogeschichten; das sind Märchen und Legenden aus dem Nordosten.

Inacina konnte wunderbar erzählen. Wir saßen um sie herum und erfüllten ihre Geschichten mit Leben. Maria das Graças fing mit ihrer Rolle an: Fernandinho ist der Prinz und ich seine Braut. Nein, ich will auch den Prinzen heiraten! Du? Du bist doch ein Junge und kein Mädchen, du kannst den Prinzen nicht heiraten! Wieso nicht? Ich will auch den Märchenprinzen! Nein! Das geht nicht! Und dann flogen die Fetzen. Maria Aparecida verteidigte mich: Doch, Fernandinho soll auch seinen Märchenprinzen heiraten! Süße kleine Aparecida.

Das Land im Norden vom Hause der Farias ist ganz flach, nur Viehzucht und Felder. Aber nach Süden, da ändert sich das Bild: feuchtes Grün, Vögel und Jäger, dichter erfrischender Schatten, der betagte Rest eines angenagten Waldes. Eingeebnet. Man muß viele Stunden gehen, bevor die Trostlosigkeit der Caatinga, der Heimat der Teufel, Banditen und Heiligen, alles in der Starrheit der Wüste verbrennt. Zerbröselte Erde, Schritte, die im Boden versinken, Felsen, Flecken aus Dornen und Arsura. Im Osten, in Richtung Remigio, ein Gewimmel aus sechsspurigen Autobahnen nach Campina Grande, João Pessoa und Picuí.

Zwei halbe Kokosnußschalen waren meine ersten Brüste. Sie erwischte mich vor dem großen Spiegel, Cícera, und es hagelte Prügel. Ich bedeckte mich mit den Händen, um auch zwischen den Beinen wie Aparecida auszusehen. Das war meine Phantasie, ein runder Bauch und ein Schlitz wie ein Mädchen.

Ich war sieben Jahre alt und wußte nicht, was Sünde ist. Die Großen versteckten die Wörter vor mir, und ich stahl sie ihnen. Siehst du, Fernandinho spielt nicht so wie die anderen Kinder, er will immer ihr Weibchen sein!

Die Mädchen wiesen mich ab: Du, du bist doch ein Junge, geh doch mit den Jungens! Josefa und Aparecida verteidigten mich, immer wird es jemanden geben, der mich verteidigt. Aber ich blieb da, ich forderte sie heraus. Ich ging wie sie, wie die Mädchen. Die Kontrollen wurden schärfer. Cícera heuerte Aldir an, er war fünfzehn Jahre alt, er wurde mein Aufpasser. Sie fragte, und er mußte Bericht erstatten.

Samstags verkaufen sie in Remigio getrockneten Fisch und wundertätige Kräuter. Auch Schuhe und Unterwäsche für die Bauern kann man da auf dem Wochenmarkt kaufen. Aus Campina Grande und Solânea kommen Lastkraftwagen, Autobusse und Gaukler. Nachmittags gehen alle zum Fußballspiel. Wir kamen in Scharen aus allen Gemeinden an und drängten uns am Rande der grünen Wiese. Aldir lief wie immer genervt neben mir her. Die Spieler ernteten Hurras und Buhs, ich die Beleidigungen. Da ist ja unser kleiner Veado! Das Mannweib! Auch Genir und Ivanildo hatten sich gegen mich verschworen und lachten mich aus. Ich packte ein paar harte Steine und warf nach ihnen. Selber Mannsweiber, ihr Hurenböcke! Verdammtes Pack! Aldir verteidigte mich. Na so was, Aldir verteidigt einen Veado! Was geht euch das denn an, wer oder was er ist. Ach, du verteidigst ihn wohl, weil er dir gefällt! Aldir war der Stärkste von allen, niemand hatte den Mut, ihn zu schlagen.

Sag mal, Fernandinho, stimmt das, was die anderen Kinder von dir sagen? Was denn? Sie sagen, daß du gern Frauensachen machst. Nein, das stimmt nicht, Aldir! Aber mit Genir machst du es doch so! Zieh dir die Hose aus, wir gehen im Fluß schwimmen. Ich hatte Angst und rannte aus dem Wald. Aber ich kam nicht weit, mit einem Satz hatte Aldir mich schon gepackt. Er war der Stärkste von allen, er warf mich zu Boden. Ich versuchte es, ich strengte mich wirklich an. Ich gab auf. Er erschrak über meinen Schrecken. Ich war sieben, er fünfzehn Jahre alt. Sag bloß Cícera nichts, sonst bringe ich dich um!

Aldir, mein sehnlichster Wunsch war, daß er mich gern hätte. Ich wollte ganz einfach seine Zuneigung. Ich wußte, er würde mich nicht umbringen. Ich war die Kuh, mit den Mädchen und Cousins spielte ich am liebsten das Weibchen. Ich verstand nicht, wieso alle mich deshalb schief ansahen. Veado — klar, das klang giftig, ich ahnte die Beleidigung, klar, aber ich hatte keine Ahnung, daß in diesem Klang mein ganzes Schicksal lag. Ich flüchtete zu Cícera. So weit ihre Augen reichten, reichte auch das Schonrevier. Und das wurde auch von den anderen respektiert. In ihrer Nähe gab es kein lautes Auslachen. Höchstens mal ein paar schiefe Blicke. In ihrer Nähe war ich gehorsam, sobald sie weg war, schamlos.

Seu José deixa eu ver seu caralho! Seu José, zeig mir deinen Schwanz! Der José sah sich um, nichts zu sehen. Er fluchte auf den heiligen Sebastian und setzte seinen Weg zum Markt fort. Es war Samstag, da kamen fünf unbekannte Josés vorbei. Alle riefen den heiligen Schutzpatron an und gingen dann weiter. Dann sah ich von weitem Arlindo herankommen. Ich kannte ihn gut, er war aus unserer Gemeinde. Er hatte offensichtlich schon 'ne ganze Menge Wein gebechert, als er da jetzt in der Mittagssonne schwankend näherkam.

Seu Arlindo, zeig mir deinen Schwanz! Wer zum Teufel redet da? Wo hast du dich versteckt, du kleines Teufelchen? Er kam suchend in meine Richtung. Ich faßte Mut, und mit dem Taschentuch auf dem Kopf erhob ich mich zwischen dem hohen Gras. Ich bin's, Fernandinho! Was willst du, Junge? Arlindo, zeig mir deinen Penis! Wenn das deine Mutter hört, die bringt dich um! Cícera ist nicht da, sie ist bei Adelaide, wegen der Geburt. Wenn du ihn mir zeigst, gebe ich dir Hühnchen zu essen und Likör zu trinken!

Ich nahm ihn an der Hand, ich sieben, er dreißig Jahre alt. Ich schloß ihn im Haus ein und rannte zu Severino, in den Laden, und ließ dort eine Flasche Jurubeba anschreiben. Für Cícera, log ich. Dann drehte ich einem Huhn kurzerhand den Hals um. Ohne Angst, kalt wie ein Mörder. Ich rupfte es und erhob mich auf Zehenspitzen, um es in den Topf zu werfen. Türen und Fenster sind zu, und das Essen kocht. Er sitzt da, trinkt langsam und schwitzt Salz. Er sieht mich an, kein Wort. Ich behalte ihn immer im Auge, während ich mich umtue. Er sitzt immer noch wie ein schwerer Brocken auf dem Stuhl. Verängstigt. Im Dorf und auf den Feldern lachten die Männer ihn aus, die Frauen gingen ihm aus dem Weg. Arlindo, fing ich wieder an, während das Huhn kocht, zeigst du ihn mir mal? Nein, zuerst wird gegessen. Er aß das halbgare Huhn und war schließlich völlig besoffen. Zieh dich aus, ganz nackt, Fernandinho! Aber nein, Arlindo, ich will doch nur deinen Schwanz sehen! Er stand auf, verlor das Gleichgewicht und kam wieder auf die Beine. Torkelnd machte er sich die Hose auf und zog ihn heraus, steif und groß. Er nahm ihn in die Hand, den harten Ast. Er schwitzte, zog an ihm herum wie bei einem Pferd, dem man die Zügel gibt. Sein Gesicht verzerrte sich vor Erregung. Ich war zu Tode erschrocken. Am liebsten hätte ich ihn rausgeworfen, diese Bestie. Ich versuchte zu schreien, aber es kamen nur Tränen heraus. Er warf mich auf das große Bett und hielt mich fest. Zwischen seinen Knien wurde ich kleiner als ein Vögelchen. Er hatte ein bißchen Salz in der Birne, diese Bestie. Er gab auf, er kriegte ihn nicht rein. Das werde ich nie vergessen, wie ich weine und er sich wälzt und anstrengt. Dann merke ich, wie auf meinen Schultern warme, schmierige Spucke klebt. Er ist fertig, und ich zu Tode erschrocken. Tante Maria klopfte laut an die Tür, da ist er durch das Fenster abgehauen. Was, ein ganzes Huhn für dich allein, Fernandinho? Ich stammelte eine Lüge, sie sah die Unordnung auf dem Bett. Mein Zittern, mein Verschweigen. Heute bin ich ganz sicher, sie hatte alles begriffen. Sie zerrte mich weg, eine Handbreit über dem Boden hinter sich her. Bis zur Heimkehr meiner Mutter ließ sie mich nicht mehr aus den Augen.

Es mußte ja so kommen, und so kam es dann auch. Donna Cícera, da wäre noch eine Flasche Jurubeba zu zahlen, Fernandinho hat sie geholt, als Markt war. Severino erinnerte meine Mutter an die Schulden.

Was hast du mit dem Likör gemacht? Den habe ich ausgetrunken, Mama! Sie schloß Türen und Fenster und zog den Marmeleiro-Ast aus dem Schrank. Das ist ein Strauch aus der Caatinga, ziemlich dornig, feines und widerstandsfähiges Holz, der hinterläßt ganz anständige Striemen, dünn wie Schnitte von Rasiermessern. Sie verprügelte mich wie noch nie zuvor. Sie schlug so heftig zu, daß ich schließlich glaubte, sie wollte mich umbringen.

Warum schlägst du mich? Tante Maria schlägt Genir nie! Weil ich einen Sohn aufziehen will und keine Kanaille. Wenn du Teufelssachen machst, kommst du ins Gefängnis und in die Hölle!

Im großen Bett verwandelten sich die Peitschenhiebe

wieder in zärtliche Liebkosungen, ganz weich und ohne Eile, wie die Lieder, die den Schlaf brachten.

Als nach den großen Regenfällen die ersten Sonnenstrahlen hervorkamen, war an den überfluteten Ufern des kleinen Flusses das übliche Spektakel los. Ganze Prozessionen von Männern und Frauen zogen los, um seine Kraft zu bewundern. Ochsen und Pferde schleppte er heran, die vom Wasser ganz aufgebläht waren, vermoderte Baumstämme und Flöße, in denen sich Tierkadaver verfangen hatten, manchmal sogar Männer und Frauen, die nicht mal vor dem Fluß Achtung hatten. Umgekippte Boote und Baracken, die in tausend Stücke zerfallen umhertrieben. Ich schloß mich der kleinen Prozession an, ihrer Angst und der Verwunderung, die sie zusammenhielten. Unter ihnen war auch Paulo.

Samstags, während des Fußballspiels, war er immer dabei, wenn die anderen auf mich losgingen, aber er sagte nie etwas dazu. Er klagte mich nicht an, und er verteidigte mich nicht. Er stand abseits, wie sein Reichtum. Wenn das Stierfest war, mußte er immer in der Nähe seines Vaters sein, er war sein ganzer Stolz, der Erbe. Seine Familie finanzierte jedes Jahr das Dorffest, das Bumba-meu-boi.

Er entfernte sich von der Gruppe und spielte mit dem Hund, lief ihm das Ufer entlang nach. Bis an die Stelle, wo der Fluß enger wird und der Wald ihm mit seinen Ubuzeiros und dem Barauna die Flanken eindrückt. Der letzte Engpaß, bevor der Wasserfall Stromschnellen, Strudel und spritzendes Wasser in einen klaren und durchsichtigen Spiegel verwandelte. Ein stilles Wasser, ein kleiner See. Paulo ging langsam ins Wasser. Ich hinterher. Mit den Holzschuhen in der Hand standen wir bis zu den Knien im Wasser. Was machst du hier? Ich wollte mir den Fluß ansehen. Siehst du nicht, daß er Hochwasser hat? Das ist gefährlich für dich. Ja, sehe ich, aber ich habe keine Angst.

Fernandinho, stimmt das, daß du ein Veado bist? Veado. Schon wieder dieses Wort, das so giftig ist wie die Wüstenschlange Coral. Überall, wo ich war, erklang es. Aber ich wurde nicht wütend, ich gab ihm keine Antwort.

Er kam näher. Ich wußte, was passieren würde. Ich lief nicht davon. Ich zog ein dünnes Stimmchen hervor: Laß mich, ich will nicht! Für mich war das immer noch ein Spiel, ich war die Kuh. Aber er, er preßte heftig, er drang in mich ein. Es war das erste Mal. Bauch und Kopf wehrten sich gegen die Tortur. Er genoß meinen Schmerz. Für einen kurzen Augenblick sah ich, wie das Wasser sich rot färbte. Ich wurde vor Angst ganz weiß. Ich übergab mich und weinte vor Schmerz, vor Reue. »Wenn du Teufelssachen machst, kommst du ins Gefängnis und in die Hölle!« Ganz plötzlich stieg Fieber in mir hoch, nahm mich in Besitz. Ich zitterte vor Angst, vor Scham. Was hast du mit mir gemacht? Auch Paulo wurde weiß im Gesicht. Du wolltest doch, sagte er. Es stimmte, ich wollte ja. Es tat mir weh, aber ich wollte es. Einfach und grauenvoll, das ist meine Erinnerung. So war es passiert. Er lief den Fluß auf und ab und suchte Kräuter, *Pinhão roxo*, das stillt das Blut, läßt es gerinnen. Der Hund lief immer um ihn herum, spielte, sprang an ihm hoch. Paulo versuchte, meine Tränen zu trocknen und die Blutung zu stillen: Ist das wirklich das erste Mal? Ja. Warum hast du mir das nicht gesagt? Fernandinho, du darfst zu Hause nichts davon erzählen. Sag, daß du auf einen spitzen Stein gefallen bist, auf einen Ast. Sag, was du willst, aber sag nichts!

Ich war acht Jahre alt, er sechzehn.

Er glüht! Er ist blaß wie eine Leiche! Er verliert Blut aus dem Po! Wir müssen ihn sofort ins Krankenhaus bringen! An dem Tag waren gerade Adelaide und Alvaro zu Hause. Sie beruhigten Cícera, sie legten mich auf den Rücksitz des Autos und fuhren mit mir nach Remigio. Komisch, sagte Adelaide, wie kann man denn auf einen Ast fallen und sich den Hintern verletzen? Vom Arzt werden wir schon die Wahrheit erfahren, antwortete Alvaro mit lauter werdender Stimme. Als wollte er mir sagen: Du brauchst gar nicht zu jammern dahinten, ich bin doch nicht blöd, ich weiß, was du gemacht hast! Er war mißtrauisch. Er hat mir noch nie getraut, auch nicht, bevor er Adelaide geheiratet hat. Er sah mich immer schief an, er suchte ständig nach Beweisen für seine Verdächtigungen. Aber den Mut, es Cícera zu sagen, den hatte er nicht! Er konnte nicht, sie hätte es ihm nicht gestattet. Er wartete darauf, daß eine eindeutige Tatsache ihm recht geben würde. Das hatte ich wohl verstanden, und also traute ich ihm auch nicht. Er bohrte und schnüffelte herum, um seine Bestätigung zu kriegen, und ich leugnete alles. Aber jetzt waren wir auf dem Weg zum Arzt, zur Wahrheit. Die unbestreitbare Autorität. So was wie der Pfarrer oder der Polizeivorsteher. Nichts da! Alvaro kriegte nicht, was er wollte. Der Doktor behandelte mich und wollte dann allein mit mir sprechen: Das war doch kein Ast, mein Junge! Ich werde nichts sagen, aber versprich, daß du dich nicht noch einmal vom Teufel verführen läßt! Ich versprech's, ich mach's nie wieder.

Izael Diaz, zwanzig Jahre alt. Maria Nazareth Monteiro, immer noch schön, wie alt sie war, wußte niemand. Sie teilten sich die zwei Klassenzimmer der Grundschule in Sítio. Ein Gewimmel von dreißig bis vierzig Kindern zwischen neun und sechzehn Jahren. Aldir und Genir waren da, Josefa, Aparecida, Maria das Graças, Francisco, Rildo, Robson, Luíz. Und ich. Ich war neun. Alle waren sie da, und damit war natürlich auch für meine Verspottung gesorgt. Herr Diaz, haben Sie Fernandinho gesehen? Der geht wie ein Mädchen! Rildo brüllte wie ein Verrückter. Izael Diaz rief mich zu sich: Fernandinho, los, dann zeig uns mal, wie du gehst! Ich wurde rot vor Scham, aber ich machte das Spiel mit. Haben Sie gesehen, Herr Lehrer? Der geht wie ein Mädchen, wie ein kleiner Veado! Hey, Leute, wenn der Fernandinho erst mal groß ist, dann landet der in São Paulo oder in Rio – da wird er keine Geldsorgen haben! Das sagte Izael Diaz, der Lehrer, und alle bogen sich vor Lachen.

»Schäm dich, du Veado, benimm dich mal wie ein Mann!« »Na, Veado, kriegst'en wohl gern in den Arsch gesteckt?« Das hatten sie auf Papierkügelchen gekritzelt, die sie dann schön durchkauten, damit das Papier auch richtig hart wurde, und mit ihnen schossen sie nach mir. Sie knallten sie mir auf den Rücken, während ich an der Tafel stand. Aufhören, ihr Scheißkerle! Wenn wir hier herauskommen, schlage ich euch die Köpfe mit einem Stein ein! Ich sagte Izael Diaz, er solle mir helfen. Er wiegte sich in den Hüften und äffte mich mit einem Frauenstimmchen nach: Sag schon, Fernandinho, was willst du? Ich schämte mich und schwieg.

Rildo haßte mich die ganze Schulzeit hindurch. Aus einem ganz einfachen Grund: Ich hab' ihm nie meinen Arsch gegeben. Vor den Großen beschimpfte er mich: Weibsmann, kannste dich nicht mal wie ein Mann benehmen? Wenn er allein war, jammerte er: *Fernandinho, deixa eu meter meu caralho no seu cu.* Fernandinho, laß mich meinen Schwanz in deinen Arsch schieben. Ein Kinderschwänzchen. Er nagelte mich in der Toilette fest, zusammen mit Robson und Luíz: Los, zieh dich aus, du Weibsmann, sonst setzt es was! Er brachte die Mädchen gegen mich auf. Estela klebte mir ein Kaugummi in die Haare. Ich nahm einen Stein und haute ihr damit auf den Kopf.

Sie masturbierten in der Toilette, sammelten die klebrige Masse in einer Hand und schmierten sie mir ins Gesicht. Ich heulte vor Wut, riß alles kaputt. Bücher und Hefte. Dafür bekam ich Prügel und Strafen.

Aldir, warum verteidigst du mich nicht mehr? Ich kann nicht, Fernandinho, ich darf nicht zeigen, daß ich dich gern habe. Mein Vater würde mich aus dem Haus jagen, Cícera würde mich umbringen.

Aldir, mein Aufpasser. Mit Paulo hatte meine Karriere als Sünder begonnen, mit Aldir ging sie weiter. Ich hatte keine Gefühle wie jetzt. Ich weiß nicht. Ich tat es aus Spaß, dann jammerte ich wieder und sagte mir: Fernandinho, du bist doch kein Mädchen!

Ich wollte nur seine Zuneigung. Darum ließ ich mich mit ihm ein. Später mußte ich mich deshalb einmal mit seiner kleinen Freundin anlegen.

Was für schöne Schuhe, Mama! Kann ich sie anziehen? Das sind doch Frauenschuhe, Fernandinho! Aber sie sind doch so hübsch, Mama! Ich hatte Glück: Na gut, aber nur im Haus, sonst erzählen sie scheußliche Dinge! Cícera ging aufs Feld, ich in die Schule. Vorher aber malte ich mir noch die Zehennägel mit ihrem knallroten Nagellack an. Ich zog die Schuhe an und lief die kleine weiße Straße entlang, die sich ins Dorf herunterschlängelte. Ich war früh dran und versteckte die Füße unter dem Pult. Maria da Guia, dreizehn Jahre Boshaftigkeit und ein Blick wie ein Geier, war die Neuigkeit nicht entgangen: Frau Lehrerin! Sehen Sie sich mal die Füße von Fernandinho an! Sehen Sie sich das mal an, dieser Weibsmann! Aber Maria Nazareth Monteiro war nicht Izael Diaz. In der Schule verteidigte sie mich. Sie sah die Schuhe und den Nagellack und strich mir zart über die Haare. Das brachte das Gespött zum Schweigen. Dann sprach sie allein mit mir: Fernandinho, das sind doch Frauensachen, angemalte Nägel, Stöckelschuhe. Hat deine Mutter gesehen, wie du heute zur Schule gegangen bist? Nein, hat sie nicht.

Cícera rasierte mir das letzte Haar vom Kopf. Sie zog den Marmeleiro hervor und drohte damit, mich ins Febem zu stecken, das war das Internat für Minderjährige. Eine Erziehungsanstalt.

Jener Tag war die Hölle, ich stritt mich mit allen. Als der Unterricht zu Ende war, griffen Genir und noch zwei andere mich auf der Straße mit Steinen an: Weibsmann! Veado! Ich antwortete: Selbst ein Veado! Mein Vater wird dich verprügeln, Fernandinho! Und dann wird mein Schwager deinen Vater umbringen! Zu dritt fielen sie über mich her und prügelten mich blutig.

Inzwischen gingen eine ganze Menge Gerüchte um, ich fing sie auf. »Man darf in der Schule nicht ein Kind haben, das sich wie ein Mädchen benimmt.« »Das kommt, weil er keinen Vater hat, der ihn zum Mann erziehen könnte.«

Genir sprach mit einem Huhn. Er saß ganz allein mitten auf der *Mandioca alta*. Ich trug immer noch die Spuren der Prügelei und den kahlgeschorenen Kopf mit mir herum. Als ich einen kleinen Stein in seine Richtung rollte, hörte er auf mit seiner kleinen Konversation. Er drehte sich nicht mal um. Ich weiß, daß du es bist, Weibsmann, komm her! Ich komme, wenn wir das Spiel mit dem Stier und der Kuh spielen. Ein Lächeln im schönsten Grasgrün, wir zogen uns aus. Ich senkte die Schultern zum Boden und zeigte mich. Er brüllte nicht wie sonst und rieb sich auch nicht auf mir herum. Er preßte, aber nicht zum Scherz. Er drückte ihn rein – und sprang plötzlich laut schreiend aus dem Schatten in die Sonne, den blutigen Penis in der Hand. Der Strang war gerissen. Er haute ab und schrie um Hilfe. Ich blieb bei dem Huhn, versteckt im Schatten des hohen Grases. Ein Hund hat mich gebissen, einer von der Sorte, die nur noch Haut und Knochen sind, erzählte er dem Vater und den Klassenkameraden. Niemand glaubte ihm, aber immerhin dachte niemand an mich. Und an mein Grinsen, das so schön war und voller Genugtuung, eine gelungene Rache.

Ich war frei, es war Karneval. Keine Beleidigungen, kein schiefer Blick. Ich war zehn Jahre alt, und Cícera ließ mich gewähren. Ich band meine Haare mit einem grünblauen Tuch zusammen, das ich über der Stirn verknotete. Ich zog eine lange Weste aus weißer Baumwolle an. Ich malte mir die Augen an und die Lippen rot und zog die hochhackigen Pumps von meiner Mutter an. Endlich! Sítio organisierte seinen Karnevalsumzug. Unkenntlich verbargen sich die Jungen hinter furchterregenden Stier-, Ziegen- und Hammelmasken. Masken aus Holz und aus Karton. Einige Männer hatten sich als Frauen verkleidet.

Sie hatten dicke Bäuche, wie Adelaide vor der Geburt. Die freien Frauen verkleideten sich als Nutten. Sie provozierten, weil es das Bordell ja nur zur Karnevalszeit gab, hieß es. Alles vollzog sich zum langsamen, antiken Rhythmus der Trommeln. Metalltöpfe und Eimer standen bereit. In Sítio hatten wir keine Kapelle mit Musikinstrumenten, nur Schlaginstrumente gab's. Das Tamtam war ohrenbetäubend. Der Staub vermischte sich mit Schweiß und dem Rhythmus zu einer einzigen klebrigen Masse, als wir so die kleine Straße nach Remigio entlangzogen. Die Musikkapelle erwartete uns am Dorfplatz, und schon ging's weiter mit Tänzen und Gesängen.

Aldenor war verrückt geworden. Das war die Schuld seiner Frau, einer vornehmen Dame. Sie wollte ein freies Leben, aber sie hatte drei Kinder aufzuziehen. Sie wollte eine Lady sein; und er verdiente das Geld als Mechaniker. Cícera schätzte Aldenor. Der erste Mann in der Familie, ein ernsthafter, finsterer Mann. Alle wiederholten es immer wieder: intelligent, intelligent. Und dann der Nervenzusammenbruch: Die Frau hat ihn um den Verstand gebracht, hieß es in Sítio. Aldenor war verrückt, aber immer noch schön. Weiße Haut und blaue Augen. Genau wie Cícera.

Ich war elf Jahre alt, und er kehrte nach Hause zurück, ohne Frau und ohne Kinder, nur mit seinem Wahnsinn. Ich sah, wie er masturbierte, und es zog mich zu ihm hin, das streite ich nicht ab, als er schlief. Ich näherte mich ihm, meinem Bruder, und streichelte sein geschwollenes Glied ganz leicht. Er wachte auf und jagte mich weg. Er lief im Zimmer auf und ab und schrie wütend herum. Fernandinho ist ein Veado! Veado, zum ersten Mal hatte das gehaßte Wort unsere Türschwelle überschritten. Cícera

33

hörte es und erschrak. Sie rief die Polizei, und Aldenor wurde in ein Krankenhaus eingesperrt.

Es gibt auf der Erde zwei Möglichkeiten: die Kirche und das Gefängnis. Wer in die Kirche geht, kommt in den Himmel, wer ins Gefängnis kommt, in die Hölle. Cícera wollte, daß ich in den Himmel komme, und also schleppte sie mich in die Kirche. Die Männer auf der einen Seite, die Frauen auf der anderen. Die Kinder gemischt, jedenfalls die unter dreizehn. Zweimal ging der Pfarrer im Beichtstuhl auf mich los:
– Stiehlst du?
– Ja, ab und zu ein bißchen Kleingeld.
– Sprichst du schlecht über andere Leute?
– Nein, das tue ich nicht.
– Streitest du dich manchmal?
– Ja, manchmal in der Schule.
– Machst du schmutzige Sachen?
– Nein!
(Ich log, ich hatte nicht verstanden.)
– Gibt es eine Sünde, die du nicht sagen kannst?
– Nein!
Zur Strafe mußte ich zehn Vaterunser, zehn Ave-Maria, zehn Salve Regina aufsagen. Das zweite Mal lief es etwas anders:
– Stiehlst du?
– Ja, ein bißchen Kleingeld.
(Ich kaufte mir auf dem Markt Nagellack und Lippenstift, aber das verriet ich nicht.)
– Machst du dreckige Sachen?
(Schweigen.)
– Machst du dreckige Sachen?
(Ich wurde vor Scham ganz rot.)

– Rede! Du hast mir etwas zu sagen und willst nicht damit herausrücken! Machst du dreckige Sachen?
– Ja.
– Mit Männern oder mit Frauen?
– Mit den Jungen.
– Spielst du die Frau für deine Freunde?
– Ja, ich spiele ihre Frau.
– Wenn du das noch einmal machst, dann wartet die Hölle auf dich!
Die Buße wird verdreifacht. Und in einer Woche will ich dich hier wieder im Beichtstuhl sehen!

Am gleichen Abend ging João Paulo mir an die Kehle und zog mich in den Wald. Mein Schwanz ist ganz hart, wie bei einem großen Mann, Veado! Die anderen konnten alles mitanhören und -sehen. Sie kicherten. Nein, mit dir will ich nicht! Nach der Erfahrung mit Arlindo hatte ich Angst vor den Großen, ich wollte nur noch die kleineren Jungen. Aber er zog mich am Hals, und da ergab ich mich in den Spott, in das Geschrei, in diese ganze tierische Anstachelei. Für einen Moment durchfuhr's mich wie ein Haßblitz: Ich werd's deiner Frau sagen! Und deinen Kindern! Er grunzte ein paar Wörter, dieses Schwein. Wenn du das machst, bringe ich dich um! Drei Schläge zwischen Schulter und Rücken streckten mich auf die Erde. Das war klar, der hätte mich umgebracht. Ich war zum Fluß runtergegangen, um dem Fischfang zuzusehen: Traíra und Curumbatá. 'Ne Menge Leute liefen an mir vorbei, während ich auf der Erde lag: Wie denn, Veado, erst gefällt's dir und dann jammerst du?

Wenn unter euch ein Teufel ist, dann weiche er von uns! Ich war sicher, daß ich der Teufel war. Mein Gesicht ver-

35

färbte sich. Er starrte mich von der Kanzel an und brachte die männliche Anarchie zum Schweigen. Das Unglück brach über mich herein und füllte nun auch die Kirche an mit Beleidigungen, mit geheimen Treffen am Fluß und Sünden. »Wenn unter euch ein Teufel ist, dann weiche er von uns!« Er machte ein Kreuzzeichen, im Namen des Vaters, des Sohnes und des Heiligen Geistes, und fing mit der Messe an. Ich schlich mich mit niedergeschlagenen Augen aus der Kirche.

Aldenor kam aus dem Krankenhaus und ging wieder rein. Er schwadronierte durch das ganze Haus: Cícera, du ziehst einen Weibsmann heran, Fernando ist ein Veado! Sie tat so, als hätte sie nichts gehört, sie hörte nichts mehr. Mit einem Verrückten zu streiten, das ist keine schöne Sache. Einmal gab's ein Riesentheater. Er nahm alle meine Bücher und zerriß sie. Cícera ließ ihn wieder einsperren. Einen Monat später kam er noch mal und dann nie wieder. Er hat sich in die Caatinga verdrückt, sagten die Bauern. Wo die Erde in Staub zerfällt, die Füße versacken und die Kehlen trocken werden.

Bei der Gymnastik der Jungen machte ich nicht mehr mit. Die Schulleiterin – ich ging jetzt auf die höhere Schule – warnte mich: Fernando, ich habe nichts gegen dich, aber hier drinnen mußt du dich anständig benehmen. Wenn ich erfahre, daß du hier Spielchen mit den Jungen anfängst, fliegst du, und dann nimmt dich auch keine andere Schule mehr auf. Draußen kannst du machen, was du willst. Und das tat ich, oft. Ich kam als erster an und ging als letzter, um Beschimpfungen und Ärger zu vermeiden. In der Klasse bestellten sie mich heimlich zum Fluß. Und ich ging hin.

Francisco war ein Freund. Er wußte, wer ich war: ein Veado zwar, aber er wollte nicht, daß die anderen mich deswegen aufziehen. Nur ein Mal. Ein einziges Mal war er gemein zu mir. Eine komische Sache. Ich sagte nein, aber nicht aus Schamgefühl. Ich wollte ihn als Freund behalten. Er war der einzige, der mir auf der sieben Kilometer langen Straße von der Fazenda bis zur Schule in Remigio Gesellschaft leistete. Aber dann ging er mir allmählich auch auf die Nerven: Los, Fernando, beweg dich mal wie ein Mann, hör auf mit diesem Theater! Wer mich jetzt sah, verstand, was gemeint war, und mir gefiel das. Diese sieben Kilometer waren meine Freiheit, und die sollte ganz mir gehören. Cícera sagte ich, daß ich mich mit Francisco gestritten hätte und deshalb von nun an einen anderen Weg zur Schule nehmen würde.

Die neue Straße geht durch Wälder und Felder; ich finde immer jemanden, der mich anspricht. Arme Bauern oder Jäger. Die Männer machen mir keine angst mehr. Ich suche sie, und sie warten auf mich. Ich mache, was ich will. Francisco ließ nicht locker mit seinen Warnungen. Es ist gefährlich, allein durch den Wald zu gehen, da gibt es eine Wildkatze, eine Schlange! Armer Francisco, er hatte überhaupt keine Ahnung.

Mama, ich gehe in den Wald, Früchte sammeln. Sie antwortete nicht. Cícera hörte und sah nichts mehr. Imbu, Cajarana, Pitomba, lauter Waldesfrüchte; natürlich sammelte ich gar nichts. Ich schminkte mich heimlich, ganz dezent. Dann band ich mir das Halstuch um den Kopf, so wie es die Bäuerinnen aus dem Nordosten tun. Manchmal legte ich auch Ohrringe an. Im Wald kletterte ich auf den Cajueirobaum, und immer, wenn die Jäger einen Schuß abgaben, gab ich einen Laut von mir und sang. Was machst du hier, Kleiner? Ich sammele Früchte. Du erschreckst das Wild, geh nach Hause! Nein, nur wenn du mir erst deinen Schwanz zeigst! Mein José rief dann sämtliche Heiligen an, aber ich ließ nicht locker, ich wußte schon, wie man das anstellt. Sie waren meine tägliche Beute. Im dichten Unterholz des Waldes ergaben sie sich in meine Unterwerfung, die meisten jedenfalls. Ich stahl ihnen die Begierde aus den Augen, zwischen den Beinen. *Senhor José, deixa eu ver seu caralho!* Das waren magische Worte; sie lösten ein Erdbeben in ihren Köpfen aus, eine Riesenverwirrung. Im Wald herrschte der Prinz über mich, und ich diente ihm. Mit dem Mund, mit dem Arsch.

Veado! Irgendwann stecke ich dir das Gewehr in den Arsch, bis es aus dem Mund wieder rauskommt! Sie waren zu fünft oder sechst. Einem von ihnen schien meine Unverschämtheit nicht zu passen. Das werde ich auch später immer wieder erleben. Schämst du dich nicht, für meine Freunde das Weibchen zu spielen? Aber die anderen waren alle meine Josés. Sie traten dazwischen, und da mußte er aufhören.

Ich war allein. Ich weiß nicht, was ich bei diesen Starrköpfen suchte, bei diesen Schwachköpfen. In ihrem sauren, klebrigen Schweiß, in ihrer brutalen männlichen Art. Jedenfalls ging das so weiter, als ich vierzehn, fünfzehn und sechzehn war. Hunderte von Treffen und Verabredungen. Dreimal die Woche, zwei Josés jedes Mal. Der reinste Countdown. Vierundzwanzig Treffen im Monat. Zweihundertachtundsechzig Verabredungen im Jahr, das macht in vier Jahren eintausendeinhundert Mal, bis ich dann schließlich nach Campina Grande ging.

Cícera wollte es einfach nicht kapieren, sie ließ nicht locker mit ihrer Wahnsinnsidee: Fernandinho, wenn du groß bist, wirst du ein Unteroffizier, sagte sie. Ein Onkel arrangierte alles, und dann kam der Tag der Musterung für die Militärschule. Ich ließ sie gewähren, um ihr nicht die letzte Hoffnung zu nehmen. Den letzten hoffnungsvollen Zweifel. Erst Aldenor, jetzt ich – wo lag der Fehler? Bei ihr? Bei uns? Oder außerhalb von uns allen? In Cíceras Leben war alles ganz einfach: hier die Frauen, da die Männer. Und was war mit mir? Ihre Haut hatte sich verhärtet, über ihr Gesicht liefen stille Tränen: Fernando, morgen früh fährt der Bus nach Campina Grande, wirst du fahren? Ja, Mama, ich fahre.

Wir traten gruppenweise ein, in alphabetischer Reihenfolge, ich mit dem »F« von Farias. Alle nackt, wie die Natur euch geschaffen hat! So der Befehl einer rauhen Unteroffiziersstimme. Ich ziehe mir nur das Hemd aus, ich schäme mich. Nackt, habe ich gesagt! Ich gehorche, lasse die Hose runter, ziehe die Unterhose aus. Hundert schiefe Blicke starren mich an, hundert Teufelsaugen. Darauf haben sie doch nur gewartet, daß ich den Mund aufmache, damit ihre Ahnungen endlich Bestätigung finden, damit sie endlich anfangen können mit ihren Beschimpfungen. Ein Junge fragte mich, ob ich auch Unteroffizier werden wollte. Ja, antwortete ich. Und er lachte mir mitten ins Gesicht, dieser Scheißkerl. Er heizte die Luft mächtig an. Sieh mal einer an, was für ein schönes Geschenk uns das Heer macht! Das wird sie doch alle erfreuen, die großen und die kleinen Schwänze! Der ganze Sauhaufen brüllte vor Lachen, bis eine Trompetenfanfare sie schließlich alle zum Schweigen brachte. Dann war ich an der Reihe: Fünf Schritte vor! Dreh dich um! Geh in die Knie! Kneif den Penis zusammen! Ich zögerte noch, da griff der Militärarzt mir auch schon zwischen die Beine. Beug dich nach vorn! Er öffnete mir den After und drückte mir irgend etwas rein: Weh getan? Nein! Was kannst du? Ich kann kochen! Da fingen sie schon wieder alle an zu quieken vor Lachen, diese elenden Schweine! Dann folgten die sogenannten psychotechnischen Übungen und die portugiesische Sprachprüfung. Ich dachte, die Prozedur ist endlich zu Ende, aber nein, für mich gab's noch 'ne Extraübung. Ein Unteroffizier der Prüfungskommission öffnete eine Seitentür, ließ sich auf dem Sofa nieder und ließ mich hereinkommen. Ich sitze noch nicht ganz, da hängt ihm schon der Schwanz aus der Hose, diesem Schlappschwanz. Meine Augen irrten in der Luft herum, ich wollte nicht. Keine Chance, er stand auf, machte die Beine breit und hängte ihn mir ins Gesicht. Blas mir einen! Ich lehnte den Kopf zurück, senkte den Blick, heilige Madonna, nein, ich tu's nicht. Er machte einen Schritt zurück und steckte ihn wieder in die Hose: Du bist ein Transvestit. Ich sagte, nein, bin ich nicht, aber er bestand darauf. Und ob! Du bist doch mehr Weib als Mann! Hast du schon mal mit 'ner Frau geschlafen? Ich stritt immer noch alles ab, und das stimmte ja schließlich auch, ich hab' in meinem Leben noch nie mit 'ner Frau geschlafen. Und mit Männern? Schlappschwanz sah mir mitten ins Gesicht, ich spürte es, der konnte in der Seele lesen. Ich wurde rot und gestand: Ja, aber nur dreimal, ich wurde gezwungen. Gezwungen? Ja, gezwungen. Endlich hatte ich gestanden, und er entspannte sich: Wie konntest du nur auf die Idee kommen, die Militärlaufbahn einschlagen zu wollen? Warum hast du nicht alles vor der Untersuchung gestanden? Ich hatte Angst, ich komme ins Gefängnis. Du kommst nicht ins Gefängnis. Das ist dein Leben, und du kannst es dir versauen, wie du willst. Als Reservist ausgesondert, wegen Überbelegung. Ich werde nicht notieren, daß du ein Veado bist, das erspart dir einige Probleme. Zwei Soldaten geleiteten mich durch den Sauhaufen, bis zum letzten Tor.

»Cícera, finde dich damit ab. Aus Fernando wird niemals ein Bauer oder ein Soldat. Laß ihn zu uns nach Campina Grande kommen, da kann er in der Fabrik arbeiten. Alvaro wird ihm helfen. Die Schule kann er auch in einem Abendkurs beenden.« »Unter einer Bedingung«, gab sie nach, »er kommt in die Fazenda, und ich fahre in die Stadt, zweimal die Woche.«

Das war neunzehnhunderteinundachtzig, und Adelaide, meine liebe Schwester, konnte Alvaro erweichen und Cícera überreden, meinem Wunsch nachzugeben. Endlich weg vom Land, endlich ein Leben in der Stadt.

Wenn es abends dunkel wurde, ging ich in das kleine Gärtchen, das ich mir als Versteck ausgesucht hatte, und zog meine Verkleidungen hervor. Ich ziehe die Hose aus und streife mir Damenslips über. Das ist meine neue Freiheit, ein erregendes Gefühl – und eine Notwendigkeit. In dem eng anliegenden Slip verbirgt sich ein Geschlecht, das ich mißhandele, das ich zwischen den Hodenhäuten eingrabe und zwischen den Beinen einklemme. Durch den leichten Stoff des Slips erscheint vorne eine vertikale Vertiefung, die ein weibliches Geschlecht ahnen läßt. Das ist meine Phantasie. Darüber trage ich einen blauen Faltenrock und eine beige Bluse mit Kragen und Spitzen. Ein diskret geschminktes Gesicht und fertig. So kann ich meinen Spaziergang durch die Stadt antreten. Mit zierlichen Frauenschühchen trete ich unsicher aus dem Garten.

Ich halte zwei Bücher gegen die Brust gedrückt, die mir eine respektable Identität verleihen: Ich bin eine Studentin.

Eulina und Eulalia. Zwei Cousinen aus der Stadt, die ich vorher nicht kannte. Reich und sehr elegant.

Eulalia hatte sofort kapiert, daß das eine Ausrede war mit dem Karneval. Kannst du mir schon mal einen Rock und Schuhe leihen? Sie lächelte süß und öffnete ihren Kleiderschrank. Sie half mir bei der Auswahl, sie war Schauspielerin in einem Theater. Mein Geheimnis hat sie nie verraten. Eulina dagegen war mit den Gedanken immer woanders. Sie beachtete mich kein bißchen. Überall lagen Bücher herum, Bücher auf dem Tisch, Bücher unter dem Arm. Sie war Studentin. Ich stahl ihr die Unterhosen und die Art und Weise, wie sie in der Stadt herumging.

Die Leiterin der evangelischen Schule, in der ich den Abendkurs besuchte, berief eine Versammlung der männlichen Schüler ein. In meiner Anwesenheit diktierte sie die neuen Regeln:
— Fernando Farias darf die Herrentoilette nicht zu den Zeiten benutzen, wo sie auch von den anderen benutzt wird. Wenn er allein dorthin geht, besitze niemand die Kühnheit, ihn zu provozieren.
— Fernando Farias darf nicht als Frau verkleidet in die Schule kommen, sonst muß er die Schule verlassen.
— Fernando Farias muß den Unterricht zehn Minuten vor Ende verlassen.
— Fernando Farias macht seine Gymnastikstunde, wenn die Turnhalle leer ist. Er bekommt eine Lehrerin, die ihn freiwillig allein unterrichtet.
Keiner wagte, den Mund aufzumachen, die wilde Ent-

schlossenheit der Direktorin schüchterte sie alle total ein. Ein paar Tage später rief sie mich in Anwesenheit von acht Lehrern zu sich: Farias, in dieser Schule gibt es viele Mädchen, deren Verlobte in Ihre Klasse gehen. Daß es da keine Probleme gibt! Nein, keine Probleme. Ich werde diskret sein mit meinen Verabredungen. Ich werde in den Park der Acude Novo gehen, in die finsteren Gassen, wo von denen keiner ist. Das sind wohlriechende Jungs hier, mit vornehmen Stadtsitten.

In der Fabrik mußte ich das Gummi für Schuhsohlen schneiden. Ein einziges Mal gab es ein Problem. Ein José im Arbeitsanzug wollte sich mit mir in der Toilette verabreden, und ich willigte ein. Kaum hatten wir die Tür hinter uns abgeschlossen, war seine Lust auch schon befriedigt. Aber als er als erster rausging, da drängte sich ein anderer José einfach rein. Und dann noch einer. Dieser Mistkerl hatte sich mit zwei Kollegen abgesprochen. Alle waren sie verheiratet, und alle wollten sie mich. Ich konnte nicht mehr auf die Toilette gehen, damit die nicht noch mal über mich herfielen, die würden mich sonst entlassen. Nach dieser Episode gab es nur noch ein paar Witzchen und Wortplänkeleien.

Wenn ich als Studentin verkleidet war, fühlte ich mich glücklich. Ich ahmte eine Frau nach, um einen Mann zu finden. Ich bin eben ein Transvestit. Meine Kurven sind nicht gerade weiblich, aber die Bücher beschützen mich ja, sie geben mir Sicherheit. Abends, nach der Arbeit, gehe ich durch fast verlassene Straßen, die nur das Licht der Autos und ein paar noch erleuchtete Schaufenster beleben. Campina Grande ist eine brave und einfache Stadt, in der es noch ein bißchen nach Landleben riecht.

Dreihunderttausend Seelen. Tagsüber sind die Jungens das einzige Problem, die reinste Qual. Haufenweise kleben sie an mir, ich werde sie nicht mehr los: du kleiner Veado!

Mit Adelaide und Alvaro gab es bald die ersten Streitereien und giftigen Mienen. Mal, weil ich erst nachts nach Hause kam, mal wegen meiner Art zu reden und zu gehen, dann wieder wegen der Haare, die immer länger wurden. Zu Hause waren die Neffen und Nichten, und ich ließ mir nichts anmerken. Ich spielte den Mann, aber sehen tat man es wohl doch.

Eines Nachts, in der Rua Antonio Veloso, in der Nähe des Busbahnhofs, passierte etwas, das mir das Herz zum Rasen brachte. Das war doch tatsächlich Aldir, der mir da mit seinem üblichen bäuerlichen Gang entgegenkam. Und ich mit einem langen Rock und den Büchern an die Brust gedrückt. Es ging aber noch einmal gut, er erkannte mich nicht und ging vorbei. In meinem Kopf aber, da ging alles durcheinander. Voller Panik lief ich zu dem Garten meiner Verkleidungen. Ich wollte die Angst loswerden. Ich war so aufgeregt, daß ich gar nicht merkte, daß zwei Polizisten mir folgten. Sie warteten ab, bis ich in dem Strauch herumgewühlt hatte, wo ich die Männerkleider versteckt hatte. Ich war zu Tode erschrocken, als sie plötzlich »Halt oder ich schieße« riefen! Sie dachten, sie hätten einen Dieb erwischt. Sie verprügelten mich ganz schön, da sagte ich ihnen die Wahrheit. »Aber das ist doch der Schwager von Alvaro!« Eine Schande, eine riesengroße Schande. Endlich kriegte Alvaro die Bestätigung, die er suchte: Jetzt weiß ich, was du machst!

Ein Schritt zurück. Sauro Afonso do Amaral, das war vielleicht ein Problem. Einundvierzig Jahre, Rechtsanwalt und Professor am Colégio Estadual do Bairro da Prata. Er hatte sich in mich verliebt, und ich mich in ihn. Ich lernte ihn im Krankenhaus Antonio Targino kennen. Man hatte mich dort als Notfall eingeliefert, weil ich mir den Magen verdorben hatte mit irgend so 'ner fatalen Mischung aus Ei, Milch und Ananas. Blinddarmentzündung war die erste Diagnose. Kurz danach wurde dann aber eine ganz harmlose Vergiftung daraus. Cícera eilte zum Krankenbett; sie war es, die mir Sauro vorstellte. Sie hatte den Mann des Gesetzes mit bäuerlicher Hochachtung wegen eines nicht enden wollenden Streits um benachbarte Grundstücke aufgesucht. Ihre Unwissenheit hatte sie dann wiedergutmachen wollen, indem sie stolz ihr Meisterwerk vorführte: Das ist mein Sohn! Aha, Sauro Afonso warf mir nur einen flüchtigen Blick zu, und schon hatte er alles verstanden, der Professor. Er kleidete sich sehr geschmackvoll, sogar im Pyjama hatte er noch Stil. Und auch nackt war er nicht wie die anderen. Im Krankenhaus verwies sein »Guten Tag« jeden unverzüglich auf seinen Platz, in die gebührende Distanz. Er bat um ein Bett in meinem Zimmer, und er bekam eins. Mit diesem braven Jungen, der bald wieder auf den Beinen sein und an den Schreibtisch zurückkehren wird. Cícera war ganz glücklich und beruhigt, als sie wegging, wegen des neuen Beschützers. Der Anwalt würde schon auf mich aufpassen. Er begrüßte mich mit einem Kuß, und Sauro Afonso do Amaral, Rechtsanwalt und Professor am Colégio Estadual do Bairro da Prata, steckte seine Hand unter das Bettuch, zwischen meine Beine und streichelte mir den Unterleib. Sobald es dunkel wurde und ich nach einer schmerzstillenden Spritze einschlief, war er da.

He, Professor, was machst du denn da? Nichts, du hast im Traum gejammert, ich massiere deinen Bauch. Der Krankenpfleger erwischte uns in unschicklicher Pose. Jetzt war der Professor sicher dran. So nah beieinander, in der Haltung, konnte er doch nur ein Unhold wie jeder andere sein. Aber nein, nach einem kurzen Hin und Her im Flüsterton war Sauro wieder ganz Herr der Lage, seine Autorität wiederhergestellt.

Der andere hielt dicht bei der Krankenhausleitung, sei's aus Hochachtung, sei's wegen Geld, was weiß ich. Der Rechtsprofessor wurde entlassen und mit ihm seine intakte Ehrbarkeit. Er hinterließ mir eine Telefonnummer, und am nächsten Tag rief ich ihn vom Krankenhaus an. Sauro, er war der erste Mann in meinem Leben. Ein reifer Mann. Ich ziehe ihn in Hotelzimmern aus, er fährt mich mit dem Auto herum. In der Bar in der Rua Maciel Pinheiro bestellen wir Bier und Guaraná.

Er wollte, daß ich Hosen trage, daß ich diskret und unauffällig aussehe. Aber ich trug lieber grelle Miniröcke. Es war gar nicht so einfach, sich da zu einigen. Der Professor — er war, wie gesagt, ein unglaublich eleganter Mann — hatte sich von seiner Frau getrennt. Er lebte zu Hause bei der alten Mutter und einer zehnjährigen Tochter. Na ja, um die Ehre der ach so wohlsituierten Familie nicht aufs Spiel zu setzen, gab ich seiner Bitte nach. Nur Hosen, Fernando, auch am Abend.

Sonntags verließ die Mutter, eine strenge und gläubige Frau, ihr Zimmer, um zur Messe zu gehen. Wir zogen uns im Nachbarzimmer aus. Dann lud Sauro mich zum Essen ein. Alle zusammen, die Alte, Sauro, die Tochter und ich: Fernando, sein junger Freund, ein Student, sein Lieblingsstudent. Leise Gespräche, Silberbesteck, ein schattiges Zimmer und dunkle portugiesische Möbel.

Das war ein Mann von Kultur, das habe ich ja schon gesagt. Er zog mir lieber die Hose aus, und ich schob lieber den Rock hoch. Ein Mißverständnis in der Liebe. Ich hielt mein Versprechen nicht. Ohne ihm etwas davon zu sagen, machte ich weiter mit meinen einsamen Spaziergängen. Ich konnte nicht anders. An einem dieser Abende lief mir auch Aldir über den Weg, und mein Kopf kam ganz schön ins Rotieren.

Jetzt weiß ich, was du machst! Eine Schande, eine unglaubliche Schande ist das! Man hatte Alvaro informiert. Aber er erzählte weder Cícera noch Adelaide von der Geschichte mit der Polizei. Ich habe ihn nie gefragt, warum, ich hatte weder die Zeit noch den Mut dazu. Denn am nächsten Tag war meine Mutter zum Essen bei uns. Ich dachte mit Grauen daran, was Alvaro wohl sagen würde. Ich kam zu spät nach Hause, es war Sonntag, und Sauro und ich hatten wieder mal die mütterliche Frömmigkeit genutzt. Endlich, wir haben schon alle auf dich gewartet, wo hast du denn gesteckt? Bei einer Freundin, Mama. Na so was! Cícera strahlte vor Zufriedenheit. Adelaide hakte auch gleich nach: Sag doch, Fernando, in wen hast du dich denn verliebt? Erzähl doch mal, wer ist deine Freundin? Ich druckste ziemlich herum, während Alvaro dasaß und mit immer schieferem Blick zuhörte. Ich erfand immer neue Einzelheiten, bis plötzlich ein Hupen auf der Straße von meinen Lügengeschichten ablenkte. Ein aufdringliches, freches Gehupe. Einmal, noch einmal, und dann noch einmal. Es war Sauro, ich ahnte es. So war es immer, er hupte, und ich ging runter. Er sollte doch nur kurz hupen, zum Teufel, einmal kurz draufticken. Aber der Professor war offensichtlich verrückt geworden, der Wein und seine Begierde hatten ihn ganz außer sich gebracht. Er hupte, daß es durch die ganze Gasse schallte. Er wollte mich, und zwar sofort. Adelaide ging ans Fenster. Fernando, auf der Straße ist der Mann, der mit dir im Krankenhaus war! Auch Alvaro und Cícera guckten aus dem Fenster. Alle in der Straße sahen aus den Fenstern und verfolgten das Spektakel, das der Professor da von sich und seiner Liebe gab. Ich dachte, ich werde verrückt, Panik stieg mir in die Kehle und hämmerte mir im Kopf herum. Stimmen und Gesichter begannen sich zu überschlagen. Ich torkelte drei Schritte zurück und prallte gegen die Wand gegenüber dem Fenster, dann wurde ich ohnmächtig. Cícera eilte mir zu Hilfe, und auch Adelaide ging weg vom Fenster. Alvaro natürlich nicht, der setzte gerade mit feurigen Augen das letzte Steinchen in sein Mosaik. Jetzt war es komplett. Kaum kam ich wieder zu mir, riß meine Mutter mich schon wieder in ihr Delirium hinein: Ah, der Herr Rechtsanwalt, sagte sie in respektvollem Ton.

Es war der achte Mai neunzehnhundertzweiundachtzig, und um mich herum brach alles zusammen. Wegen der Schande, daß man mich entdeckt hatte, wegen des Muts, den ich nicht hatte. Wegen Alvaro, der mir drohte, weil jeder mich so wollte, wie ich nicht war, und weil ich auf meinen Rock nicht verzichten konnte. Wegen all dieser Dinge und noch vieler anderer mehr sah ich an jenem Abend nur noch eine Möglichkeit, die Flucht. Die andere, der Selbstmord, erschien mir doch etwas zu theatralisch.

In derselben Nacht schlich ich mich aus dem Haus. Ich klingelte an der Hausnummer 41 in der Rua Pedro Americo, als es schon fast Mitternacht war. Sauro öffnete die Tür. Der Idiot machte sich Sorgen wegen der späten Stunde und peilte durch die halb geöffnete Tür, wo seine Mutter schlief. Sie war nicht aufgewacht, Gott sei Dank: Fernando, beruhige dich, sprich leise. Ich kann nicht mehr zu Hause bleiben, Sauro, Alvaro hat alles rausgekriegt, er wird es bald Cícera und Adelaide sagen. Ich war betrunken, Fernando, verzeih mir, ich hatte solche Lust auf dich. Aber jetzt müssen wir die Ruhe bewahren, geh nach Hause, bring mich nicht in Schwierigkeiten, nenne um Himmels willen meinen Namen nicht! So ein Mistkerl, der Professor. Er flüsterte mir zu: Wenn du mir versprichst, daß du nicht in Frauenkleidern herumlaufen wirst, besorge ich dir eine Pension, dann werden wir schon weitersehen, das kommt schon wieder in Ordnung. Ich schleuderte ihm ein »Leck mich am Arsch« entgegen, daß es in der ganzen Wohnung nur so dröhnte. Er rannte zu seiner Mutter. Und ich kaufte mir eine Fahrkarte nach João Pessoa. Zwei Stunden Fahrt mit dem Bus, Ziel unbekannt.

Manchmal liegt zwischen einem Schritt und dem nächsten ein Abgrund. Hier kam ich richtig ins Schleudern. Hier, in dem Schaum zwischen dem Felsen und dem Meer, wurde alles noch viel schlimmer. Ich wußte nicht mehr, wer ich war, was ich wollte, wohin ich ging. Ich lief vor mich hin, das Gepäck fest in der Hand, und die Uhr zeigte Nacht an.

Da fuhr ein Taxi an den Bordstein heran, aus dem Fenster sah das weiße Gesicht eines etwa Zwanzigjährigen:
– He, willst du einsteigen?

– Ja, will ich.

Und wie ich wollte, bei Gott. Klar will ich, unbedingt. Ohne zu zögern und ohne zu wissen wohin, kletterte ich in den Wagen. Endlich kehrte ich in die Welt zurück. Meine Ängste ließ ich draußen auf dem Bürgersteig. Drinnen im Auto nur er und ich. Weiße Zähne und Benzingestank. Seine Hände hielten das Lenkrad umklammert.

Wohin willst du?

Helle Pupillen, wie Blumen an den Fenstern, das sind also seine Augen. Sie sind die Bühne, die Fernanda, meine neue Freiheit, betritt, die sie beherrscht wie eine Primadonna. Cícera, Alvaro, Sauro Afonso – die Flucht. Sie kehrt ihr Innerstes nach außen, sie weint, sie erzählt die ganze Geschichte. Auch, was für ein herrliches Gefühl das ist, wenn man genommen wird, ich war noch nicht zehn. Wenn sie in dich eindringen, wenn ich für sie die Frau war. Dreizehn Jahre und ich die Kuh, auf dem Land, im Wald. Tausende von Bildern werden ins Gedächtnis gerufen, werden für einen José erfunden, der ganz mit seinem Lenkrad beschäftigt ist, der beschleunigt, kuppelt und bremst. Massenhaft belagern sie das ganze Auto, die Bilder. Sie nehmen seinen Kopf gefangen. Ich sitze da, ganz hin und her gerissen, quasi unbeteiligt, während Fernanda nur so sprüht und sich erzählt, Hure und Studentin. Ich sehe sie an, sie sieht mich an. Auf dem Sitz zusammengekauert bereise ich die Stadt bei Nacht. Zum Greifen nahe, hier in dieser Schachtel aus Blech, bin ich der einzige Ausweg im Urwald der Begierden, hier habe ich ihn mir geschnappt: He, José, sie ist es, die den Karren lenkt, sie ist es, die das Bild malt, in dem deine Gedanken sich drehen. Ja, es gefällt mir – sie erzählt sich – es ist wie ein warmes Zucken in mir. Seht ihn euch doch an, meinen

José, wie sein Körper anfängt, auf meine Worte zu reagieren wie auf zärtliche Peitschenhiebe. Bei jedem Schritt vorwärts ins Abenteuer, vor jeder roten Ampel windet er sich zuckend in der Sünde, heimlich presse ich meine Lust zusammen und breite sie aus. Den Arsch. Fernando. Ich bin ein Zuschauer meiner selbst. Sie überrascht mich, diese Fernanda, und sie befreit mich. Kleine Gesten, winzige Bewegungen. Sie bewohnt meinen Körper, verschlingt meinen Schwanz, diese Schlange. Hier bin ich, Mann-und-Frau, mit einem José-bei-mir und der Lust, die sich unserer bemächtigt, während wir eine unbekannte Uferstraße entlangfahren, die die Stadt zurückdrängt. Ich weiß es genau, jetzt reicht ein Hauch, und er wird sich ergeben, bei der ersten leichten Berührung wird sein Kartenschloß zerfallen.

– Ach, José, wenn ich doch noch einmal als Frau für einen Mann wiedergeboren werden könnte.

Sanft fährt er an einen desolaten Bordstein heran und hält den Wagen an. Gähnend streckt er Beine und Arme von sich; er ergibt sich. Das Kartenhaus ist zusammengefallen. Mit den Spitzen der Fingernägel mache ich den Reißverschluß an seiner Hose auf, so, wie man ein Paket mit Schleifen öffnet. Mondlicht, ein Streicheln im Nacken befehlen mir, an seinem Körper herunterzugleiten. Zwischen meinen Lippen liegt seine Kapitulation, meine Unterwerfung. Nimm ihn in den Mund, du lutschst besser als eine Frau. Ich weiß, »Fernandinho ist besser als eine Tochter«. Cícera hatte es immer gesagt. Ich konnte sie damals hören, und ich höre sie jetzt noch, während ich runterschlucke.

– José, gib mir ein bißchen Kleingeld, damit ich weitermachen kann.

– Hier nimm das, kauf dir eine Fahrkarte und fahr nach

Hause. Die Nacht ist aus Schwarzen, Banditen und Arschlöchern. Du riskierst dein Leben.

Ich gehe durch enge Gassen, über kleine Plätze, entlang an den dunklen Mauern schweigsamer und unbekannter Häuser. In Männerschritte getarnt schlittere ich durch nächtliche Blicke, an Wächteraugen vorbei, die mein Herz und meinen Atem zum Stillstand bringen. Ein Beutetier, ein kleines Tier ohne Höhle und Zuschlupf. Die unbekannte Stadt läßt in mir eine Unruhe gären, die ins Chaos führt, die ganze Welt bedroht mich, entzieht sich meiner Kontrolle. Ich halte mich am Koffer fest, wenige Sachen nur. Zwei Kleider von Eulalia, ihre Unterhosen, ein Mathematikheft; schließlich bin ich eine Studentin. Nein, nach Hause gehe ich nicht mehr.

Mit einer Lüge bewaffnet klopfe ich an die Tür eines Polizeireviers. Ich habe den Bus verpaßt, kann ich hier bei euch bleiben? Sobald es Tag wird, verschwinde ich. Sie sind freundlich, zeigen mir eine total versiffte, stinkige Liege, wo ich mich hinlegen kann. Für die Dauer eines langen Atemzuges wandern meine Gedanken zu der fixen Idee meiner Mutter, ich solle zum Militär gehen. Wie die hier. Plötzlich ein aufgeregtes Durcheinander von Stimmen, Eisenschlägen und Türenschlagen, und dann kommen sie in die Dienststube zurück, und sie zerren etwas an einer Eisenkette hinter sich her, einen schwarzen Riesen, der an den Handgelenken angekettet ist, einen Öl schwitzenden und Blut spuckenden Banditen. Er zerreißt mich mit den Augen — Veados! Ein Polizist schlägt ihm mit einem Knüppel auf ein Ohr, der Ärmste schickt ein Stoßgebet nach dem anderen zum Himmel. Eins ist klar, sobald es Morgen wird, bin ich hier weg.

Vor den Fahrplänen am Schalter des Busbahnhofs fing mich wieder die Stimme von Izael Diaz ein, dieses Aas: Ja, Fernandinho, wenn der groß ist, dann geht der nach Rio oder São Paulo, der weiß schon, wie man da zu Geld kommt! Nein, du Hurenbock, ich werde nach Recife gehen! Ja, ich entschied mich für Recife, auch weil die großzügige Spende des jungen Taxifahrers mir keine andere Möglichkeit ließ. Ich hatte nicht genug Geld. War auch nicht wichtig, ich fuhr ja nicht los, um irgendwo anzukommen, ich war auf der Flucht und aus. Nur weit weg von allen, irgendwohin, wo ich nicht dazu verurteilt war, nur Fernando sein zu dürfen, mit Hose und einem harten Schwanz. Ich wollte einen Mann zum Liebhaben, klar, das war das reinste Attentat für die, eine Horrorvision. Für mich ein Gefühl von Schuld und die Verirrung in eine Welt, die nicht die Phantasie besaß, mich zu erfinden, ohne mich zu verachten. Weder Mann noch Frau, ein Veado und ein Arschficker! Arschlöcher!

Als ich da vor dem Fahrkartenschalter stand, ging mir das alles ganz undeutlich durch den Kopf. Es sind Gedanken von heute. Abgestumpft durch die häßliche Nacht konnte ich nur noch die Kilometer zählen, die ich allmählich zwischen mich und Sítio schob. Zwischen mich und den Schwarzen Mann meiner Alpträume. Fünfhundert schienen mir genug, und also wurde's Recife.

Ich ließ den Koffer in der Gepäckaufbewahrung und fing wieder an herumzulaufen. Wieder in Richtung Meer, bis zum Hafen. Ich laufe den Kai entlang, den Strand runter, um mich herum ein Gewimmel von unbekannten Gesichtern, die ein warmer plötzlicher Regen schnell in tausend Richtungen zerstieben läßt. Ich bin allein und naß bis auf die Haut. Ich schleppe mich am Ufer des Ozeans entlang, bis ich zu den ersten Kokosnuß- und Bananenpflanzungen komme. Die Stadt entfernt sich, verschwindet in der Nacht. Mitten auf dem feuchten Gras fällt der Schlaf über mich her, in den Augen noch die Tränen der Erleichterung und den Bauch vollgestopft mit einer Kokosnuß, die ich zerschlagen und verschlungen habe.

Im Morgengrauen wecken mich zwei Schwarze auf, die am Strand Jogging machen. Sie sehen mich an, wie man einen toten Hund anstarrt, ohne stehenzubleiben. Die Beine halten mich nicht, sie zittern vor Hunger und Feuchtigkeit. Als die Sonne hoch am Himmel steht, hat mich die Stadt wieder. Wie ein Besessener jage ich über die Bürgersteige und durch enge Gassen. Im Laufschritt, mit der Angst vor Prügel im Nacken und der Scham eines Diebes im Bauch. Veado, ich habe mein Frühstück gestohlen. Ich bin völlig außer mir. Seit zwei Tagen schon laufe ich mit verklebtem Mund und Sand auf dem Kopf herum. Ich schiebe mir das Diebesgut zwischen die Zähne und denke schon an den Abend; was danach kommt, weiß ich nicht.

Ich muß mich ausruhen, ich muß die Stadt anhalten, die sich mir rasend schnell im Kopf herumdreht. Ich gehe über die Schwelle einer Kirche, um ein bißchen Frieden zu finden zwischen portugiesischen und schwarz-christlichen Heiligen; um die Augen zu schließen zwischen goldgeschmückten Decken und mit Smaragden besetzten Kreuzen. Hier unter dem Altar bin ich in Sicherheit, hier kann ich mich ausruhen. Ein junger Priester, schnelle Schritte in einem schwarzen Umhang, erwischte mich, als ich mich gerade erst zurechtgelegt hatte. Wir erschraken. Er mußte die Tür schließen: wegen dem Gold und wegen der frischen Wandfarbe, sagte er.

Schließ mich doch hier ein, ich will nur etwas schlafen!
Such dir eine Arbeit, dann findest du auch einen Platz
zum Schlafen!

Der Priester hatte recht, ich mußte Arbeit finden. Dann
kann man wieder von vorn anfangen. Den Blick nach
vorn schlagen meine Schritte jetzt eine Richtung ein. Ich
klopfe an die Türen von Hotels und Restaurants. Ich
wage mich sogar in eine Werkstatt hinein, die einzige, die
abends um zehn noch geöffnet ist.
— Ich mache alles, was Sie wollen, für zwei Mahlzeiten
  am Tag und ein Bett zum Schlafen.
— Geh ins Hinterzimmer und warte, bis der Laden zu-
  macht, Junge, werd' schon was finden für dich.
Zweimal den Arsch hinhalten. Der halslose Edinando,
der Besitzer, trat in den kleinen Raum, strahlend wie jemand, der beschlossen hat, jetzt wird erstmal gefeiert. Er
hatte auf den ersten Blick verstanden. Eine Dose Kekse,
Guaranà und zwei Handtücher. Ich duschte mich, aß die
Kekse und ließ ihn machen. Ungern zwar, aber zweimal
hielt ich den Arsch hin — sein Fest. Als es Tag wurde, gab
er mir die Adresse von einer Pension. Sag, du kommst von
mir. Ich bedankte mich.

— Ich mache alles: Ich wasche die Wäsche, koche, putze
  die Zimmer. Ich mache alles für ein Bett und zwei
  Mahlzeiten am Tag.
— Na, mein Süßer. Mariluci witterte das Geschäft, sie
  hatte Mitleid. Mit ein paar Worten hatte sie mich schon
  abgecheckt.
— Du bist Transvestit?
— Ja, ab und zu, aber ich werde mich anständig benehmen, ich werde weit weg von der Pension gehen.

– Ist gut, du kannst sofort anfangen.

Es sollte ein neuer Anfang sein, es wurde die Hölle. Um fünf Uhr morgens muß ich zwanzig Frühstücke vorbereiten, für ein paar Arbeiter, die auf dem Land arbeiten, ein Brötchen, Kaffee, ein bißchen Milch. Davor muß ich aber schon Mariluci im Bett bedienen: Fernando, der Kaffee ist kalt! Die beiden Töchter: Fernando, zu heiß. Die beiden Söhne jammern: Fernando, es ist spät, bring uns den Kaffee! Um acht Uhr hole ich die dreckige Wäsche aus den Zimmern und widme mich den Fußböden und Duschkabinen. Um elf wieder ab in die Küche, um zwanzig Mittagessen zu machen. Für die Arbeiter, die in der Stadt malochen, Reis mit Bohnen. Auch für Edinando ist ein Gedeck da. Dann kommt wieder die Frage, was ist denn nun mit dem Arschhinhalten. Das mache ich nach Dienstschluß, wie immer in dem Raum hinter seiner Werkstatt. Nach dem Mittagessen wasche ich Geschirr und dreckige Wäsche. Das alles für zwei warme Mahlzeiten am Tag und ein Bett zum Schlafen. Abends bin ich kaputt, aber ich halte die Augen auf. Im Fernsehen gibt's nämlich meine Lieblingsserie. Es sind erst zwei Wochen vergangen, da hagelt es schon die ersten Drohungen und Ohrfeigen, mal wegen eines zerbrochenen Glases, mal wegen einer Verspätung beim Mittagessen. Mariluci betont: Du gehörst zur Familie, Fernando. Aber in Wirklichkeit behandelt sie mich wie einen Hund. Es schien ein guter Anfang, aber dann wurd's die Hölle.

Antonio, vierzig Jahre alt, verheiratet, zwei Kinder. Er war wegen Arbeit aus Rio de Janeiro gekommen. Er sah mich, und schon war er da. Während ich putzte, drängte er mich in irgendeine Ecke und wollte sich mit mir verabreden. Mittags um zwölf in der Dusche, sagte er mir. Das ließ sich machen, und ich ging hin. Er war schnell wie ein Kaninchen, ich kriegte immerhin ein bißchen Geld dafür. Das ging fünfundvierzig Tage so weiter, es war das reinste Versteckspiel. Ich arbeitete wie ein Sklave, er war ständig besoffen und lauerte mir auf. Er schnappte mich an den richtigen Orten, zu den richtigen Zeiten. Ein amüsantes Risiko, ich fand Gefallen an dem Spiel. Ein gutaussehender Mann, eine schöne Erinnerung. Er reiste bald ab, und er fehlte mir, sein Kleingeld auch.

Inzwischen kenne ich die Stadt und laufe nachts herum. Es ist dunkel, und trotzdem sehe ich Linien und Ränder, die man nicht überschreiten darf. Gefährliche Gegenden meide ich. Ich entdecke Wege und Verstecke. Ich weiß, wo ich hergehen muß, mit meinem Rock von Eulalia und ihren Spitzenhöschen. Ich fange an, den Batutas de São José regelmäßig zu besuchen, den Club. 'Ne Menge Frauen und ich mittendrin, sehr diskret. Geschminktes Gesicht und die richtige Hose. Ich rede mit ihnen, den Frauen, und die Männer nähern sich mir: Campari, Whisky oder Wodka? Nur so zum Scherz sagt einer zu mir: Komm, komm, wir tanzen den Forró, los tanz mit mir. Oh, mein José aus dem Club läßt mich wie eine Frau tanzen, Forró-Musik und ich, Fernanda. Ein Paar wie alle anderen. Ja, hab' keine Lust, heute nacht mit einer Frau zu tanzen, mit dir will ich tanzen, mein kleiner Veado! Ja, halt mich ganz fest, José. Ich richtig und du zum Spaß. Nimm mich in den Arm, José, ich will deine Frau sein, für diesen Forró, der mir unter die Haut geht, für diesen Tanz, von dem es kein Zurück gibt.

Ich wußte genau, wer mein Ideal war: Sonia Braga. Im Fernsehen, und in den Augen der brasilianischen Josés.

Eine Schönheit, der man nachschaut, gut gebauter Hintern und ein angemalter Mund. Verführerisch. Sonia Braga demütigte meinen Körper und knabberte an meiner Seele. Ich wie sie, ein Traum.

Einmal machte mich ein junger José, ein Angehöriger der Luftwaffe, im Club an. Zwei Lieder, zwei Tänze, und dann ging's gleich ins Hotel. Eine ganze Nacht mit einem Mann im Bett. Es ist das erste Mal. Wie ein Stern aus dem siebten Himmel erstrahle ich in einem Kuß, der aus mir eine Frau für ihn macht. Er war sich ganz sicher, nur Fernanda. Das wird meine Zukunft sein, meine Phantasie. Er nahm mich, wie ein Mann eine Frau nimmt. Gesicht gegen Gesicht, Mund an Mund. Fernanda wie Josefa und Aparecida: dicker runder Bauch und ein Schlitz zwischen den Beinen. So fühlte ich mich. Ich habe ihn geliebt, wie eine Frau einen Mann liebt. Er war wunderschön, und das sagte ich ihm auch, indem ich hundertmal »Ja« sagte zu hundert Gelüsten. Aber alles Schöne vergeht schnell, und wie er mich morgens verließ, das war nicht schön.

— Das war der Alkohol, du kleines Teufelchen von einem Veado, ich küsse keine Schwulen auf den Mund! Ein Fettklößchen, das unter dem Bauch baumelt, Fernando ist eben doch nur Fernando.

— Nein, du Scheißkerl, mich gab's wirklich!

Willst du dir Brüste wachsen lassen? Ganz einfach, in den Apotheken kann man Hormone dafür kaufen. Anaciclin, die sind sogar rezeptfrei, das sind Verhütungstabletten. Der Hintern? Das sage ich dir später, das macht Severina, die Bombadeira, mit ein paar Silikonspritzen.

Sie heißt Vania, ich kenne sie vom Club. Alle Josés gehören ihr, übereinandergeschlagene Beine mit einem Finale aus dunklen Strümpfen. Gehalten werden sie von zwei Strapsen, die ihr die Seele ausziehen, solange der Minirock den Makel verbirgt. Das Tabu. Der Schrecken zwischen den Beinen, von unten kann man da auch reinfassen – diese perversen Schweine. Sie mag mich, mit ihren falschen Augenwimpern und dem dick aufgetragenen Lippenstift. (Vania ist unberührbar, unverletzbar, auf zwei hauchdünnen Absätzen schwebend, ist sie einfach die Perfektion in Person. Das perfekte Begehren, perfekt ausgeführt. Die verkörperte Lust. Die vollendete Form, die es zu brechen gilt, die berührt sein will. Nur nachts und nur gegen Bezahlung, versteht sich.) Sie nimmt mich bei der Hand, Schwesterlein. Ich das häßliche Entlein, sie die Diva. »Zunächst einmal also Anaciclin.«

Anaciclin, achtundzwanzig Tabletten pro Packung. Ich kann es nicht mehr abwarten und nehme sie alle auf einmal mit Karottensaft ein. Im Bett liegend, die Augen an die Decke geheftet, warte ich, daß zwei magische Brüste hervorsprießen. Ich warte, wie ich damals auf das Mitternachtsflugzeug gewartet habe. Josefa keifte die ganze Zeit: Du bist doch ein Junge, dir bringt das Flugzeug kein Baby! Ich erbrach einen roten Fleck, ich wand mich vor Schmerzen. Fernando leistete mir Widerstand, er rebellierte. Die Härte seines Körpers. Glatte Brust und quadratische Nasenflügel. Ein Mann. »Das war der Alkohol, du kleiner Veado, ich küsse keine Schwulen auf den Mund!« Ich werde dich schon kleinkriegen, Fernando. Meine Josés werden keinen Mann mehr küssen. Ich verkroch mich in Schweigen mit meiner Übelkeit und meinem Leid. Der Morgen kam, und endlich kehrte auch der Abend zurück. Ich lief zu Vania, die schon auf Arbeit war. – Fernanda, du bist wirklich ein Bauerntrottel. Nur zwei, höchstens vier Tabletten am Tag, du wirst sehen, dann werden die Brüste schon wachsen. Immer mit der Ruhe. Du wirst schon sehen, daß sie wachsen.

In der Pension durfte ich nur Hosen tragen, die Stimmen kommandierten mich in der männlichen Form hin und her. Es war unerträglich, ich knurrte vor mich hin: Vania hat ja recht, was soll ich hier? Nach zwei Monaten habe ich noch keinen Cruzado in der Tasche. Ich dachte daran, wie hier alle schliefen, wie sie stanken, wie sie ohnmächtig zwischen den Laken liegend grunzten, wie die Müdigkeit eines Arbeiterlebens, die den Schlaf unruhig macht, sie hin- und herwälzte. Eine Schlafanstalt. Eine Zukunftstraurigkeit. Nein, nicht mit mir. Vania hat recht, was tue ich hier? Gesagt getan also. Der Spiegel verschlang mich, saugte mich mit seinen Reflexen auf. Langsam begann ich mit dem Make-up, dann die Wimperntusche und der Lippenstift. Minirock und spitze Absätze, so ging ich wild entschlossen durch die Avenida Antonio Falcão, die Uferstraße von Recife. Eine gute Gegend, da gibt's 'ne Menge reiche Leute, da kann man mit dem Arsch gute Geschäfte machen. Das Schamgefühl hielt mich zunächst jedoch in einer kleinen Seitenstraße auf. Für den Anfang tut's die auch, dachte ich.

— Was tust du hier, du schwule Tunte?
sie kramt aufgebracht in ihrer Tasche herum.
— Dasselbe wie du auch, du Bicha!
ich stochere verängstigt in den Abfällen herum.
— Hau ab!
eine spitze Klinge zwischen den Fingern.
— Nein, ich bleibe.
ein dünnes Glas in der Faust.

— Du bist keine Frau, du bist 'ne Transe! Hast doch nur 'ne Kleinigkeit mehr als ich, also ich bleibe und seh' mich hier genauso um wie du, blöde Kuh!

Aber ganz so lagen die Dinge ja nicht. Sie hatte ja nicht einfach eine Kleinigkeit mehr als ich. Ich machte mir die Augen kaputt an der Wölbung zwischen ihren Brüsten. Auch sie verurteilte mich: ein Schwuler, flach auf der Brust und ohne Arsch. Ich konnte es unmöglich mit ihr aufnehmen. Das hatte sie sofort kapiert, und darum wurde aus ihrer Wut ganz schnell ein Riesengelächter.

— Ich dachte, du bist einer von den warmen Brüdern, die die Kunden beklauen und den Markt kaputtmachen, das sind Bastarde, häßliche Bastarde, die meinen Josés das Messer an den Hals setzen. Vor Konkurrenz habe ich keine Angst.

Das stimmt, Konkurrenz brauchte sie nicht zu fürchten, sie war wunderschön. Das ist meine erste Nacht auf dem Strich, gestand ich ihr. Sie war ganz gerührt und hakte mich unter, komm, Schwesterlein, bis runter zur Uferstraße.

Sie verließ mich in einem Gewimmel von blendenden Autoscheinwerfern, von Gehupe und Sternen unter offenem Himmel. Recife. Ein Komet. Vania ließ sich erleuchten. Aber nein, sie war es ja, die mit unglaublicher Phantasie eine ganze Schlange von Josés auf vier Rädern erleuchtete. Josés in allen Farben, schwarze Häute und weiße, und das alles mitten unter funkelnden Lichtergirlanden. Blaue, grüne, ein Vor-und-Zurück von Bremsen und Gasgeben. Ein Karussell aus Lichtern und Lampen auf gigantischen Ärschen, schamlosen Lippen, Titten, Korseletts und Spitzen. Alles fiebrig, wie beim Karneval. Los, zeig dich mal zwischen den Beinen, Vania! Sie läßt den Rock durch die Luft flattern, sie bestimmt den Preis, manchmal auch für den Schwanz, diese perversen Schweine. Auf der Uferstraße inszenierte die Transsexualität ihre Show, und tausend Josés kamen, ihr den Arsch zu küssen. Ich betrat den Zirkus voller Angst und war doch fasziniert.

Vania begrüßte mich, und ich, ich verdrückte mich husch husch, in den Hintergrund, hinter die Kulisse, so sollte mich niemand sehen, so unfertig. Ich würde es ganz schnell lernen, ich wollte ja! Weiß der Teufel, was ich wollte. Jetzt kamen die Scheinwerfer eines fünfzigjährigen Josés auch für mich herangefahren: Steig ein, sagt er. Ich steige ein. Zuerst ein Bein, dann das andere. Ich dachte, wir machen's im Auto. Aber nein, in einem Hotel, so will er es. Er macht so ein ernstes Gesicht, das macht mich unsicher. Es ist gar nicht so leicht, auf diesem Markt klarzukommen, ich meine, es ist nicht leicht, den Preis zu nennen, beim ersten Mal. Im Zimmer befahl er mich auf alle viere. Dann zog er sich die Hose wieder an. Wieviel willst du? Das weißt du nicht? Ich muß schließlich leben, oder? Fünfhundert Cruzados, ist das in Ordnung? Ich sagte ja. Ich sagte es ihm mit einer leichten Kopfbewegung, ich verriet, daß ich mich schämte, dafür, daß es schon so weit mit mir gekommen war, daß ich mich schon bezahlen ließ. Aber das Schlimmste war überstanden, jetzt ist José mein Kunde: Ich bediene, und er zahlt.

An dem Abend waren sie zu viert. Verschiedene Stellungen, ein bißchen Geld. Nicht schlecht. Aber es war nicht nur das Geld, daß mich morgens um drei noch auf den Beinen hielt. Ich bin eine Hure, das ist der Punkt. Mit zwanzig, dreißig anderen Transsexuellen gehe ich auf den Strich. Ich bin begehrt. Ich stelle mich als Frau aus. Fernanda, die Show hat begonnen.

Es war das erste Mal, ich war verschüchtert, mein Blick gesenkt. Innerlich aber, da kochte es in mir. Ich will meine Brüste, ich will einen großen Arsch, den mir die Josés lekken sollen, die mich am Tag nicht lieben können. Während ich noch meinen Gedanken an Rache und Begierde nachhing, hatte ich nicht bemerkt, daß die Polizei plötzlich da war. Hände und Fußtritte prasselten auf mich nieder: Verpiß dich, los, weg von hier, verdammter Schwuler! Ich war zu langsam, sie schnappten mich. Mit den anderen schlossen sie mich in einem großen Raum ein. Das war ein armseliges Schauspiel, verlaufene Schminke und angespannte Gesichter, strenge Gerüche und Pissoirs für handbediente Schwänze. Nur Männer. Ich wurde in die Kartei aufgenommen und kam morgens um sechs wieder frei.

Mariluci erwartete mich wutentbrannt. Vor der Tür lagen Sachen von mir, die sie zornig dorthin geknallt hatte, die Kleider von Eulalia, die Schminkschatulle, die Schuhe, die ich von Antonios Geld gekauft hatte, meine ganze kleine Aussteuer. Du schwule Sau, verschwinde aus diesem Haus. Sie war stinksauer, ich habe mich richtig erschrokken. Die würde mich umbringen. Hätte sie von mir und ihrem Sohn gewußt, die hätte keine Minute gezögert, Schultern wie ein Boxer hatte die. Sie hätte mich in den Graben geworfen, in den Graben unter dem Fenster, wo ihr Mann sich umgebracht hatte. Wenn man mich fragt, hat sie ihn umgebracht, diese Riesenfrau, als sie irgendwann einmal so rasend war wie heute, vielleicht einfach wegen eines Stuhls, den er nicht zurechtgerückt hatte. Mariluci würde mich umbringen, ein Paar Riesenschultern. Ihr Sohn hatte immer wieder insistiert, immer wieder nach mir gefaßt, und ich hatte nachgegeben. Gezwungenermaßen, denn ich wollte nicht. Der Pakt war gewesen: »Nichts hier im Haus, nichts mit meinen Söhnen«, das hätte ich respektieren sollen. Aber es kam anders, und jetzt fürchtete ich ihre Rache. Ich atmete erleichtert auf, sie ahnte nichts von meiner Schandtat. Als sie sich beruhigt hatte, hatte ich sogar den Mut zu protestieren: Ich krieg' noch Geld von dir, Mariluci, ich habe wie ein Teufel gearbeitet, jetzt mußt du mich bezahlen! Vielleicht hatte sie nicht mit meinem Protest gerechnet, vielleicht dachte sie schon an die Abendgäste, jedenfalls beruhigte sie sich. An dem Tag gab es einen Haufen Arbeit, und sie brauchte mich. Ich packte meine Sachen eins nach dem anderen ein, ging in das Zimmer und zog mir weinend Rock und Bluse aus. Ich zog die Sachen von Fernando an und fing an, das Frühstück vorzubereiten. Aber in meinem Kopf drehte sich unaufhörlich die immergleiche Frage: Was tue ich hier? Mit dieser Negerin, wo doch an der Uferstraße so ein Haufen Geld auf mich wartet! Ich machte auch noch das Mittagessen fertig. Früher oder später wird sie das rauskriegen, die Süße, sie wird mich umbringen. Und dann war es auch schon Zeit für das Abendessen. Sie wird's herauskriegen, wie ihr Sohn sich vergnügt, und dann wird sie durchdrehen. Es war dunkel, ich ließ von Zimmer zu Zimmer ein bißchen Geld von den Kunden verschwinden, rief ein Taxi und setzte die Küche in Brand, mit Papier und Stoffetzen, die auf dem Herd lagen. »Da hast du's, Mariluci!« Sie war nicht da, die Kunden außer Haus. Das Feuer schlug hohe Flammen und schlängelte sich aus dem Fenster. Wie hypnotisiert trieb ich mich unauffällig zwischen den Leuten auf der Straße herum und sah zu. Diese Flammen der Rache brannten in meiner Seele. Dann explodierte die Gasflasche, das brachte mich auf andere Gedanken. Nichts Schlimmes,

Tote gab es nicht. Das Taxi kam, und in dem Durcheinander kapierte der Taxifahrer nur meinen Befehl: Nach Natal! Rio Grande do Norte, er gehorchte. Das war der zwanzigste Juni des Jahres neunzehnhundertzweiundachtzig.

Dreihundert Kilometer, eine Flucht, die fünf Stunden dauerte. Ich hatte schon mitgekriegt, daß es in der Stadt einen Strich gab. Nur noch fünf oder sechs Monate, und dann würde ich nachts die Uferstraße bedienen, als Nutte mit ein paar weiblichen Attributen mehr. Fernanda, endlich keine Demütigungen mehr. Wie Vania. Ich war erregt und erschrocken. Müde von der letzten Nacht und von dem Gedanken an die kommende. Ein Taxi hielt neben mir an, das hatten wir doch schon mal, die gleiche Szene, dieses Mal war es ein alter verblichener Schwarzer, er war ungefähr fünfzig, sah aber aus wie hundert.
— Steig ein, kleiner Veado, ich nehm' dich mit.
— Nein, ich will nicht.
— Hier kannst du nicht bleiben, wenn die Banditen dich erwischen, die bringen dich um!
Ich hatte Angst und nahm an. Er erzählte mir von einem Bordell und von einer gar nicht so schlecht bezahlten Arbeit, die nichts mit Prostitution zu tun hatte. Als Gegenleistung wollte er meinen Arsch, und ich gab ihn ihm. Von der Seite, auf dem Autositz, um seinen stinkenden Schwanz nicht riechen zu müssen. Dieses Schwein. Um zwei Uhr nachts hielt er sein Versprechen. Er stellte mich Damião vor, dem Bordellbesitzer. Neun Prostituierte, ein Scheißhaus. Hier bleibe ich gerade so lange, bis mir die Brüste gewachsen sind, dachte ich, und dann haue ich ab.

Ein Schwuler!? Damião, was willst du denn mit einem Schwulen im Haus?

— Er kann die Kunden empfangen. Tagsüber putzt er, nachts serviert er Getränke und Liköre. Er kann kochen und die Anteile ausrechnen. Dafür wird er angemessen bezahlt. Er schläft in meinem Zimmer oder in eurem Bett.

Ich brauchte sie nur anzusehen, diese Nutten, und schon wußte ich wieder, wo der Unterschied lag. Ich bin und bleibe ein Veado, immer noch ohne Brüste und mit diesem Fettkloß zwischen den Beinen. Meine Ankunft wurde mit lustigen Scherzen gefeiert, man wollte mich nackt sehen. Sie wollten meinen Penis anfassen, ich versteckte ihn. Wir schliefen zu viert in einem großen Bett. Drei ganz junge Nutten und ich. Sie redeten miteinander, Geschichten aus einer Nacht, von perversen Typen und giftigen Liebhabern. Vor allem aber erregte ich ihre Heiterkeit. Sie lachten über meine Verschämtheit, ich hatte mich nämlich mit dem Gesicht zur Wand und mit dem Rücken zu ihnen gelegt. Faßt mich bloß nicht an, sagte ich, ich will keine Zärtlichkeiten von Frauen. Rosa lag neben mir, ihre Stimme wurde ganz weich: In Ordnung, Fernandinha, ich werde dich respektieren. Aber glotz nicht so mit dem Gesicht an die Wand, sieh mich an, sag mir, ob ich dir gefalle. Gelächter, so klar wie reines Wasser, wie Blumen in einem Misthaufen. Eine auf der anderen liegend wieherten die Stuten über meine Spitzenunterhosen. Oh, was für ein schöner Schwanz, Fernandinha! Wenn du mit mir kommst, stelle ich dich einem ziemlich geilen Kunden vor. Geld, Geld, Geld! Mit Scherzen zogen sie mich in ihren Kreis, später kam dann auch der Respekt dazu.

Damião, der Besitzer, war eine alte *Maricas encubada*, ein nicht geständiger Schwuler. Er wollte nicht, daß man es erfährt. Wenn sein Liebhaber nicht da war, wollte er, daß ich in seinem Zimmer schlafe. Sag den Huren, daß ich dich bumse, diese Quasseltanten denken sonst noch, mit mir stimmte was nicht. Wie kann man nur so naiv sein! Alle wußten das, alle verspotteten ihn, diese Nattern. Heimlich allerdings, denn Damião verzieh nichts. Wenn er da war, waren alle sehr ehrerbietig. Er war zwar hart, aber auch gerecht. Präzise im Abrechnen und präzise im Zahlen der Anteile. Damião beklaute die Prostituierten nicht, er bot einen sicheren Arbeitsplatz. Na ja, und dann noch ein paar Extraleistungen im Schlafzimmer mit meiner Wenigkeit. Für Rosa war das Bordell ein Haus, in dem man leben konnte. Eine komische Familie, zu der ich da jetzt gehörte: Fernandinha war ihre letzte Errungenschaft.

Gilda war lesbisch, die Männer reichten ihr nicht. Sie wollte mich, sie wollte mit mir schlafen. Das hatten mir die Frauen gesagt. Die ist in dich verliebt, Fernandinha. Die gottverdammte Person machte die Finger lang und faßte mir zwischen die Beine. Am Anfang, in dem allgemeinen witzigen Durcheinander, verstand ich ihre Begierde nicht. Dann kam es allmählich heraus. Es passierte, als ein Freund von Damião sich bei mir angemeldet hatte: Ein Stündchen, und dann schenke ich dir etwas Schönes. Ich sagte ja. Ab und zu hatte ich auch meine Kunden. Ein Sonderservice des Hauses, nur für wenige Erlesene. Ganz diskret, ohne die Arbeit der Frauen zu stören. Ich sagte mit Damiãos Genehmigung zu, und wir gingen ins Zimmer. Er stand hinter mir und bumste mich auf der Bettkante. Der Spiegel in einem alten Schrank im Kolonialstil warf mir sein hageres, wie in Agonie verzerrtes Gesicht zurück. Am liebsten hätte ich diesen allzu ernsten Gesichtsausdruck mit einem schallenden Gelächter kaputtgemacht. Ich war gut drauf, aber ich traute mich nicht. Schweigend knirschte seine Lust, traurig und regelmäßig wie der Tod. Aber plötzlich, mittendrin, ließ er mich los und warf sich wie ein Teufel auf die Pistole, die er auf der Kommode abgelegt hatte. Stumm wie ein Piranha gab er zwei schnelle Schüsse in Richtung auf das Fenster ab. Da spionierte jemand. Das ganze Haus lief alarmiert an unserer Tür zusammen. Er ging raus, angekleidet und traurig, wie er reingekommen war. Er grüßte nur Damião kurz, der seinerseits die ganze Angelegenheit mit einem Scherz abtat: ein Voyeur, sagte er. Die Nutten aber wußten Bescheid und klärten mich auf. Es war Gilda, die hinter mir herspionierte. Und sie selbst gab es ja auch ganz ungeniert zu, als sie mir ihre Liebe gestand: Du bist lesbisch wie ich, Fernando, laß uns ein Paar sein. Mit Händen und Mund klebte sie an mir, und ich verlor die Kontrolle. Ich schubste sie weg, zerbrach eine Flasche und wollte ihr mit den Scherben an den Hals gehen. Damião konnte mich gerade noch zurückhalten. Er würde mich rausschmeißen, Damião verzieh nichts, aber die Nutten griffen zu meinen Gunsten ein: Sie ist es doch, die ihn verfolgt, seit zwei Wochen schon. Der Hausherr brachte alle zum Schweigen und erlegte uns ein friedliches Zusammenleben auf. Es hielt nicht lange, diese verdammte Person wollte nicht aufgeben.

Tuca Rubirosa war Fernsehansagerin, perfekte Brüste und ein Riesenhintern. Für die Brasilianer ist ein Transsexueller perfekt, wenn er einen großen Hintern hat: *O belo rabo, o bum-bum*. Und Tuca hatte die richtigen Maße. Alles an ihr stimmte einfach, und außerdem war sie noch reich. Die kleine Flimmerkiste hatte Wunder gewirkt. Sie gehörte zu den bekanntesten Transen in Brasilien, zu den ganz großen. Jetzt lebt sie operiert und glücklich in Genf, heißt es. Im Bordell war sie es, die mich an den Fernseher fesselte. In der Zwischenzeit nahm ich weiter Anaciclin, vier Tabletten am Tag, wie Vania mir empfohlen hatte. Tuca Rubirosa war durch ganz Paris gereist, um Hintern und Brüste mit Silikon zu modellieren. Sie hatte einen Körper und ein Gesicht wie Sonia Braga. Das Modell meiner Träume. Aus dem Fernseher heraus erleuchtete sie mein Leben.

Die Hormone zeigten allmählich Wirkung. Zwei winzige Brüste konnte man schon ahnen, ich war erleichtert. Tag für Tag sprossen die beiden Brustwarzen ein bißchen mehr hervor. Um sie herum zwei pigmentierte Heiligenscheine, die sie noch mehr zur Geltung brachten. Delikate Spitzen, die auf jede meiner Liebkosungen und auf den Stoff der Bluse reagierten. Sie wuchsen. Rosa, diese lustige Seele von einer Hure, staunte nicht schlecht; und ich natürlich erst, ich stand ständig vor dem Spiegel und träumte vor mich hin. Fernanda nahm allmählich Form an. Auch die Kunden hatten die Veränderung bemerkt, das merkte ich an tausend Kleinigkeiten. Und die Frauen halfen mit bei dem Wunder. In fünf Monaten brachten sie mir unzählige Tricks bei, wie man sich schminkt, wie man sich frisiert und so. Von ihnen lernte ich auch, mich nach allen Regeln der Kunst auszuziehen und wieder anzuziehen, um die Josés so richtig anzuheizen. Eines Abends sagte Rosa zu mir: He, Fernandinha, seit du hier bist, kommt Heronaldo ziemlich oft. Ja, das war mir auch schon aufgefallen, und schon hatte ich mich verliebt.

Heronaldo. Er achtzehn Jahre alt, ich neunzehn. Er arbeitete in einem Bahnhofslokal, er kam nur so aus Neugier ins Haus. Auch die alte Schwuchtel von Damião hatte gemerkt, daß da irgendwas im Busche war: Fernandinho, sag mal, ist der ein Liebhaber von dir oder ein Kunde? Ich habe ihn am Bahnhof kennengelernt, er kommt wegen der Frauen, antwortete ich. Aber Heronaldo kam nicht wegen der Prostituierten, dachte ich, sagte aber nichts. Er kommt nur meinetwegen; ich verging vor Eifersucht, wenn ich merkte, daß der Chef sich für ihn interessierte oder wenn die Frauen um ihn herumschwirrten. Eines Tages, ich war selig, da fragte er nach mir. Er wollte mit mir auf dem Zimmer sein. Aber da ging das Theater auch schon los. Gilda ging auf ihn los, als ich nicht da war. Verschwinde, Heronaldo, laß Fernando in Ruhe, das ist mein Cousin, der weiß nichts mit dir anzufangen. Zum Glück war Rosa in der Nähe: Heronaldo, warte, hör nicht auf sie, ich hole Fernanda, sie wird's dir schon sagen. Gilda wurde verrückt vor Eifersucht und kam zu mir gelaufen, mit der Rasierklinge in der Hand, als ich gerade unter der Dusche stand. Du bist nur für mich allein, Fernando, ich liebe dich, ich will dich ganz für mich! Mir gefallen die Männer und nicht die Frauen, faß mich nicht an! Laß mich in Frieden, du lesbisches Monster! Wie von Sinnen prasselten meine Fäuste auf ihr idiotisches, verdammtes Gesicht, auf diese vom Teufel Besessene. Mit einem alten Wasserhahn zog ich ihr das Blut aus dem Körper, meine Rage wollte sich nicht legen. Ich hätte sie umgebracht, wenn Rosa und die anderen mich nicht daran gehindert hätten. Sie verpaßten ihr den Rest, mit den Füßen und mit Spucken. Völlig außer mir ging ich zu Heronaldo herunter, ich flehte ihn an, sich mit mir zu treffen. Um fünf Uhr am Bahnhof. Er sagte ja, ich kam pünktlich. Ein zweites

Mal hätte Damião mir nicht verziehen, das war mir klar. Heronaldo, ich muß weg von da, miete mir eine kleine Wohnung, ich werde dich bezahlen, ich werde auf den Strich gehen. Aber er hatte eine bessere Idee: Wenn du wirklich kochen kannst, dann besorge ich dir eine Arbeit bei einer Familie. Ich war einverstanden, mehr seinetwegen als wegen der Arbeit.

Ich zog nach Ponta Negra um, zu einer Familie, die mir ein Zimmer mit Bad, Telefon und Fernseher gab. Eine Villa am Meer, reiche Leute, ein elektronischer Schlüssel zum Reingehen. Dr. Nilo und seine Frau Mercedes nahmen mich ohne Vorurteile auf und gaben mir ein gutes Gehalt. Sie wußten, wer ich war. Heronaldo hatte es ihnen erklärt, und sie hatten Verständnis gehabt. Die drei Töchter sah ich praktisch nie, sie waren irgendwo im Labyrinth des Hauses versteckt und lernten für die Universität. Ich war im Paradies, und das Bordell kam mir jetzt vor wie ein Höllenfeuer. Um halb fünf fing meine Arbeit in der Küche an, um zwanzig Uhr war ich fertig mit der Arbeit. Ich ging nicht mehr auf den Strich, für mich gab es nur noch Heronaldo. Wenn ich ihn abends traf, war ich als Frau gekleidet; Küsse auf den Mund und seine Hände auf meinem Busen. Es war wunderbar. Aber das Tageslicht trennte uns, und darunter litt ich. Ich mußte mich begnügen, das war so abgemacht, das war der Pakt: Ich komme nur am Abend. Er war mit einer jungen Frau verlobt. Nichts Ernstes, dachte ich, ich werde ihn ihr wegnehmen. Ich werde ihn mir ganz nehmen, ich werde ihn erobern, wie eine Frau einen Mann erobert. Meine Brüste werden wachsen. Meine Hüften werden perfekt sein, wie die von Rubirosa. Er wird nur noch mich allein liebhaben. Ganz bestimmt. Aber am Tag war er nicht da, und meine Eifersucht fraß mich innerlich auf. Am Anfang brach sie durch plötzliches Traurigsein hervor, dann wurde sie zur Wut und brach schließlich ganz ungehemmt hervor. Nie und nimmer wird es mir gelingen, Tag und Nacht eine Frau zu sein. Ich trat über die Ufer, eingeklemmt in Gewißheiten, die mir die Seele zerrissen: Er schläft mit einer anderen, er spricht mit einer anderen, er küßt eine andere. Eingeschlossen in die Villa raste ich von einer Höllenqual in die andere. Er gehörte mir, und ich ging los, um ihn mir auch für den Tag zu holen. Bei der Arbeit, bei seiner Mutter, bei Damião; ich wollte wissen, ob er mich betrog. Nein Fernando, Heronaldo hat sich hier nicht mehr sehen lassen. Rosa meinte es gut mit mir, aber ich glaubte ihr nicht, sie war schließlich eine Nutte. In wenigen Tagen verschlang mein Fieber, meine Eifersucht das ganze Paradies um mich herum. Es verschlang mein Lächeln und spuckte mich wieder aus in die Hölle. Die ganze Welt wurde mir zum Feind. Drei Tage und drei Nächte lief ich ziellos durch die Straßen und über die Strände auf der Suche nach Heronaldo. Keine Spur, er war verschwunden. Er ließ sich verleugnen. Es waren Nächte ohne Schlaf, mein Gehirn hatte sich aufgelöst. Er betrügt mich, er hat mich verlassen! Es wurde gerade erst Tag. Eine Mischung aus Rattengift, Desinfektionsmittel und Diesel verbrannte mir den Hals, die Eingeweide und die Lungen. Ich kotzte weißen Schaum und dunkles Blut, aus der Nase und aus dem Mund. Irgend jemand brachte mich in letzter Minute ins Krankenhaus. Nach zwei Tagen erwachte ich mit Schläuchen im Hals und in den Nasenlöchern. Fernanda zog ihre Show ab, aber er kam nicht wieder. Das war im Dezember neunzehnhundertzweiundachtzig.

Als ich aus dem Krankenhaus entlassen wurde, warf ich mich auf eine Bank an der Bushaltestelle und inszenierte mein Ende. Ich war allein und schlecht gekleidet; die Leute gingen mir aus dem Weg, als hätte ich die Pest. Aber im Leben trifft man Gutes, und man trifft Böses. Und an diesem Tag kam das Gute, Carlos. Er war achtzehn Jahre alt, Mulatte und Veado. Hast du einen Platz, wo du hinkannst? Nein, habe ich nicht. Dann komm mit mir, Mama Tetés wird nichts sagen. Tetés, Teresa. Ein vom Elend zerknittertes Gesicht, eine Schwarze. Ihre Hände waren voller Furchen, wie das Haus, in dem sie schlief. Eine Favela. Für ihre Kinder hatte sie das Blut gemischt, hatte sie Samen und Farben gemischt, heilige Christen und afrikanische Orixás. Tetés nahm mich auf, ohne mir Fragen zu stellen, aber irgendwie war das nicht meine Geschichte, ich war anders aufgewachsen, ich war ein Cabloco, und ich hatte Heimweh.

»Negro, quando não caga na entrada, caga na saída.« Wenn der Neger nicht am Eingang scheißt, scheißt er am Ausgang. Da ließ Cícera nicht mit sich reden. Das hatte ich schon mit der Muttermilch eingesogen, diese ganze kleine Liste von Gut und Böse, von Guten und Bösen. Aber Tetés sagte »ja« zu mir, wie ich dastand mit verbranntem Bauch und brauner Haut, mitten zwischen Mulatten und Schwarzen. Einen Monat lang pflegte sie mich, und im Februar, als ich wieder ganz gesund war, ging ich weg und ließ sie in ihrem Elend sitzen.

Ich schrieb einen Brief an Cícera. Ich bin weggelaufen, weil ich kein Mann bin, schrieb ich ihr. Die Frauen gefallen mir nicht, meine Natur will Männer lieben. Du willst nicht verstehen. Auch Alvaro, alle in Remigio gucken mich schief an. Ich hatte nicht den Mut, es dir direkt zu sagen. Eines Tages, wenn ich mich nicht mehr schäme, werde ich zurückkommen.

Prompt kam ihre Antwort: Ich kann nicht allein bleiben. Du bist mein Sohn, ich hole dich in Natal ab.

Cícera kam, und ich haute ab. Am nächsten Tag, im Bus nach Salvador, kriegte ich im Süden von Sítio wieder Abstand. Tausend Kilometer würden wohl genug sein. Ich sah zurück und lief weg. Immer noch, schon wieder. Vor mir sah ich nichts, wußte ich nichts. Vorwärts weiß nur Gott.

Salvador ließ den letzten Gedanken an meine Mutter in einer glühenden Masse aus Abfällen, Weihrauch und gebratenem Dende-Öl verrauchen. In der Churrascaría Roda Viva, im Pelourinho! Der schwarze Taxifahrer ließ den Motor an, ohne mich eines Blickes zu würdigen. Ich bezahlte ihn, trat ein und fragte nach Risomar. Er war der Chef in dem Restaurant. Arabisches Blut vermischt mit portugiesischem. In der ganzen Familie hatte man schon immer Restaurants gehabt. Der Tip war Tetés letztes Geschenk gewesen. Man nahm mich freundlich auf, ich bekam eine Arbeit in der Küche und einen Platz zum Schlafen. Ich fing wieder an, mich umzusehen. Im Spiegel sah ich, daß meine Brüste wuchsen. Immer noch Anaciclin, vier Tabletten am Tag.

Fernando oder Fernandinha? Wie du willst, Risomar. Dann mache ich dich zur Prinzessin meiner Küche. So kam das also mit der Princesa, es war Risomar, der mich so taufte. Wegen eines Filets mit Käse und Tomatensoße,

74

mit dem ich seinen Gaumen eroberte und ihn für mich
einnahm. Aber auch die Köche und die schwarzen Kellner
nannten mich so. Auch für ein paar Kunden war ich Princesa; nach Ladenschluß zahlten sie schon für meinen
Arsch. Ganz diskret, und ohne auf den Strich zu gehen,
denn »in Bahia auf den Strich zu gehen, das ist wie in den
Krieg ziehen«, die Nutten hatten mich gewarnt. Und jetzt
kam ich hier, in diesem finsteren Loch, ins Schwanken.
Risomar hatte mich gern, und in dem Restaurant fühlte
ich mich vor einer Stadt geschützt, die so chaotisch war
wie mein Kopf. Mit gemischten Gefühlen und ängstlich
bewegte ich mich in diesem schwarzen und verblichenen
Gewimmel, das zwischen Wolkenkratzern und koloni-
alen Kirchen Nosso Senhor do Bonfim und Orixá ver-
flocht, Coca-Cola und Mãe-de-santo. Risomar war ein
guter Mensch, aber die Versuchung war unwiderstehlich.
Princesa wollte ihre Show, sie brauchte ihr Feuerwerk. Es
ist also beschlossene Sache: tagsüber Küchenmeister,
nachts eine Superhure. Nach ein paar Wochen dachte ich,
ich sei soweit, und ging die Rua Chile runter, um es mit
dem Strich zu probieren. Es war ein Fest.

Hier in der Avenida Otavio Mangabeira, am Meer, hier
laufen sie also alle zusammen, diese Teufelsfratzen, diese
Affengesichter: Du schwule Sau, jetzt reißen wir dir mal
den Arsch auf, diese Bestien. Los José, halt ihm die Beine
fest, packt ihn euch, haltet ihn doch fest, ihr Idioten, los,
schieb ihm das Ding in den Arsch, rein in die Scheiße mit
dem Ständerchen. Teufelsfratzen, Hundsgesichter. Schieb
ihn rein, daß er aus dem Mund wieder rauskommt, die
Lust wird ihm schon vergehen, dieser verdammten Bicha.
Diese Schweine. Es waren Schwarze, fünf schwarze Bullen. Reiß den Mund auf, schwuler Bock, zieh ihm mal die

Zähne auseinander, beiß rein, José, in diese Zigarette, die Zunge sollst du dir verbrennen, du Schwanzlecker. Diese Aase, diese Hyänen. Es hagelte Prügel und Blut: Los, baller ihm einen in die Birne, diesem Dreck, schieß doch, du Idiot! Mein Gott, nei-i-i-in, steh mir bei. Piß auf ihn drauf, auf diesen Scheißdreck von einem Mann, los, los, laß ihn los, los, wir hauen ab! Heilige Madonna, verlaß mich nicht, gib mir die Kraft, nach Hause zu kommen, ich will noch leben. So war das eben mit meinem Haß auf die Schwarzen.

Edson war ein Schwarzer. Er war der dritte Mann in meinem Leben. Siebenundzwanzig Jahre alt, eine Frau, zwei Kinder, zu faul, um zu arbeiten. Sein Neffe arbeitete im Roda Viva in der Küche. Princesa, Onkel Edson möchte dich kennenlernen, er erwartet dich nach Ladenschluß. Ich war noch in der Genesungsphase, ich weiß nicht, ob ich mich aus Liebe an ihn klammerte oder aus Angst.

Nach dieser Prügelgeschichte verzichtete ich ein paar Wochen lang auf den Strich. Sie verschrieben mir eine Antibiotika-Kur. Mir blieb nur das Restaurant: Gestank von fritiertem Öl, Schweiß und eine Küchenschürze. Ich kann nur sagen, die Arbeit war gut, gut bezahlt. Aber ich, ich wollte wieder diese Blicke auf mich ziehen. Alle diese Josés wollte ich wieder für mich. Und also fing ich wieder an. Nur zwei bis drei Stunden in der Nacht, nahm ich mir vor. Aber dann blieb ich bis zum Morgengrauen auf der Straße, mit einer langen Schere in der Tasche. Für die Scheißtypen und für die Jungen.

Edson sah sich das an, ohne mit der Wimper zu zucken, ich machte und tat. Mal Koch, mal Supernutte, Geliebte für ihn, Prostituierte für die Kunden. Die Titten sprossen mächtig, der Bart kratzte. Ein bißchen von allem, aber immer auch das Gegenteil von allem, der Krieg und das Fest. Alles schien in diesem glühenden Loch Bahia de Todos os Santos und in meinem Kopf zusammengeschweißt. Na ja, und dann eben die Sache mit den Brieftaschen. Wenn meine Josés blechten, lächelte Edson mir zu. Das war leichtes Geld, und es gehörte mir. Nach wenigen Monaten schon eröffnete ich ein kleines Bankkonto, mietete ein Zimmer im Pelourinho und kaufte einen Fiat Voyage. Nicht für mich, ich hatte ja keinen Führerschein, für ihn, ich wollte ihn an meiner Seite, wie eine Frau einen Mann.

»Dein lieber Edson ist ein Maricas, Princesa, der verpraßt dein Geld mit den Schwulen.« »Der will gefickt werden!« Ein Schwuler. Er betrog mich also auf die gemeinste Art. Er gab sich als Frau einem Gay hin, mein Mann. Ein Maricão, also. Erst dachte ich, da quatscht jemand aus Eifersucht. Unter den Transsexuellen herrschen immer Neid und Eifersucht. Aber irgendwas mußte dransein. Mit ihm zu schlafen war nicht besonders. Im Bett war ich es, die insistierte: Sollen wir also oder sollen wir nicht? Er war ein kalter Mann, der nicht wußte, was er wollte. Ganz schön deprimierend. Ich sehnte mich danach, genommen zu werden, und er hatte immer tausend Ausflüchte. Er war nur wegen des Geldes bei mir, er beutete mich aus.

Nur wegen des Geldes, nur wegen der Arbeit lasse ich ihn noch gewähren. Ein José fährt mir mit Händen und Mund zwischen die Beine, um mir den Schwanz zum Stehen zu bringen. Und ich stehe da, den Minirock an den Hüften hochgezogen, die Brust raushängend, und er wird nicht hart. Er zahlt das Doppelte, ich tue das nur für die Arbeit. Er liegt unter mir und will, daß ich ihn besteige, aber mein Pinsel ist halb schlaff. Er ruft mich in der weiblichen Form an: los, Prinzessin, steck ihn rein! Ich kann nicht, zu viele Hormone. Die Freundinnen hatten mich gewarnt: Du mußt aufpassen, Fernanda, nimm nur soviel, wie du für die Brüste brauchst, wenn er nicht mehr steif wird, verlierst du Marktanteile. Das sind Stadtkunden, das weißt du doch jetzt, die sind ganz schön anspruchsvoll. Anaciclin, vier Tabletten am Tag, das war vielleicht zu viel. Aber ich wollte ja Brüste und Hüften, ein steifer Schwanz interessierte mich ja nicht. Im Gegenteil, am liebsten hätte ich dieses schlaffe Anhängsel ins Klo geworfen. Trotzdem muß ich diesen Saukerl ja zufriedenstellen. Ich muß einen Haufen Geld rausziehen aus diesen Stadtehemännern, verlorenen Vätern, bösen Söhnen aus kaputten Großstädten. Er will, daß meine Brüste auf und ab wippen, während ich ihn reinstecke, dieses Arsch. Er sagt, daß er das Doppelte zahlt, daß er das Dreifache zahlt und drückt mit den Arschbacken und jammert, daß er ihn reinhaben will. Ich muß mich ganz schön anstrengen und leide, während ich ihn hinhalte und er sich krümmt und windet. Der Arschaufsteller. Ich haue ab, ich verkrieche mich in meiner Phantasie. Szenenwechsel, seine Stimme verschwindet. Ich entferne mich, ich finde mich in den Reflexen eines Bildes wieder, das sich im zitternden Wasserspiegel kräuselt. Ich und Paulo, im ruhigen Wasser. Es riecht nach Wald, und die Erde ist naß von der Überschwemmung. Ich war acht Jahre alt, ich jammerte, und doch wollte ich es. Es ist meine Stimme, die ich höre. Es ist meine Haut, die ich auf einem unbekannten Rücken streichele, in den ich jetzt eindringe, ich schwitze und stoße ununterbrochen. Ich bin es, die unter mir ist, in mir. José ist nur das Spiegelbild im klaren Wasser. Ich höre ihn nicht mehr, ich sehe ihn nicht mehr. Er existiert nicht mehr. Ich bin es, der meinen Schwanz verschlingt, ganz bei mir, nur für mich. Plötzlich rasen zwei Scheinwerfer mit hundert Sachen heran, die Kiste schleudert bremsend durch eine Kurve. Die Lichter reißen mich aus meinem Traum; haarscharf preschen sie an einem Friedhof aus erloschenen Fenstern vorbei. Das gleißende Licht reißt mich aus der Erinnerung. Und da ist er ja immer noch, dieser Scheißkerl, immer noch unter mir. Er keucht, über den Kofferraum eines Autos gebückt. Er peilt über die Schulter, will sehen, wie eine Prinzessin auf hochhackigen Schuhen zustößt und ihn auf dem Parkplatz fickt. Er kriegt sein Vergnügen, ich nicht. Ich komme nicht, das hier ist keine Lust für mich, das ist nur Scheiße auf dem Schwanz. Ich stehe auf der anderen Seite. Ich stehe am Ende, ich zähle das Geld, und das war's.

Rossana war allein auf Kundensuche. Ihre Brüste waren neiderregend. Die reinsten Lustbällchen. Abgerissen, abgeschnitten, verstümmelt. Auch der Penis, abgehauen, abgeschnitten, kastriert. Von ihr blieb nur dieses grauenvolle Häufchen übrig, ein Ritual. Der Körper war nicht mehr zu erkennen. Verbrannt, mit Benzin und Teufelskopf. Schweine.

Einmal sah ich ihn mit eigenen Augen. Edson war mit einem Schwulen am Strand. Sie sonnten sich, die süßen Kleinen. Diese Schweine. Ich hatte einem Schwulen mein Herz und mein Geld geschenkt. Ich wartete zu Hause auf ihn, und er ekelte mich an, als er kam. Vollgelaufen mit Whisky sprang ich ihm mit meinem Gebrüll und meinen Fingernägeln ins Gesicht. Ich zerschlug eine Flasche und wollte ihn am liebsten zerfetzen, aber ich hatte nicht den

Mut. Statt dessen stieß ich mir selbst das Glas in den Arm. Die Narbe habe ich heute noch. Ein Schnitt ins Fleisch für einen Typen, der, auch wenn er mich in zweieinhalb Stücke zerteilt mitten auf einer Straße hätte liegen sehen, keinen Finger gerührt hätte, um mich zu retten. Edson haute ab, ich schwor, daß ich mich nie mehr verlieben würde. Ich wollte geliebt werden, aber es endete immer gleich.

Da kommt ein fünfzigjähriger José an: Laß mal sehen, Princesa! Er will die Show, und ich muß sie ihm geben; Salvador ist nicht Natal, hier gibt's 'ne Menge Konkurrenz, wenn auch noch nicht so viel wie später in Rio oder in Mailand. Also muß man eben, das gefällt mir. Ich ziehe den Minirock runter, daß gerade ein Stück von der Arschbacke rausguckt: Nimm *mich*, José, ich führe ihm meine Spitzenmieder vor, ich säusele ihm Wörter ins Ohr, bis ihm der Pimmel anschwillt. Und er antwortet: Steig ins Auto, wir fahren ins Motel. Wir kommen da an, und er zieht sich aus und legt 'ne Pistole neben sich – diese Schlange. In der Unterhose hat er noch einen Schlagring versteckt. Als ich das sehe, haue ich gleich ab, dieser alte Schleimer. Ich springe aus dem Fenster, und da stehe ich splitternackt im Hof und schreie um Hilfe, was das Zeug hält. Hurenbock! Dann kommen zwei Bullen, auch der Direktor von dem Motel kommt angelaufen: Schrei nicht so, du Idiot, du verschreckst mir ja die Kunden, zieh dich an und hau ab. Er bezahlte alle, auch die Bullen. Und du hältst die Schnauze, du schwule Tunte, sonst setzt es was. Das waren sie also, diese Teufelsfratzen, sie wußten alles und hielten den Mund.

Wem man nicht begegnen will, dem läuft man ständig über den Weg. Ich versteckte mich, ich zog um, aber Edson fand mich immer wieder. Er war stinksauer. Immer vollgekifft mit Maconha, und immer mit so 'nem Typ im Schlepptau. Ich gab ihm ein bißchen Geld, aber das reichte ihm nie. Er hatte immer einen neuen Macker bei sich, und ich konnte gratis den Sklaven spielen, das goldene Hühnchen, das er rupfen konnte. Mit meinem Geld leistete er sich sämtliche Laster dieser Welt, plus Frau und Kinder. Meine Ersparnisse verdampften wie Wasser in der Sonne. Eines Tages kamen auch noch die Bullen zu mir nach Hause und wollten 'ne saftige Strafe kassieren. Der Satansbraten hatte einen Alten angefahren, und ich durfte zahlen. Ich machte seinem Neffen und seiner Frau ein bißchen die Hölle heiß. Dann bat ich Risomar, daß er mich im Restaurant schlafen ließe. Er sagte ja, aber nichts sollte mehr so bleiben wie früher, und alles änderte sich.

»Princesa, halt dich ein bißchen im Hintergrund, und zeig dich in der Küche nicht vor den Kunden, laß die Titten verschwinden, zieh dich dezent an: Da essen schließlich Leute. Seit es Aids gibt, machen Schwule und Transsexuelle angst.«

Valquira war zwanzig und einfach süß. Im Morgengrauen, an der Praia da Amaralina, standen wir alle um sie herum, und sie ging von uns. Man hatte ihr einen abgeschlagenen Flaschenhals in den After geschoben. Eine Riesenflasche Coca-Cola. Im Gutachten war außerdem die Rede von Vergewaltigung mit Stöcken, Folge: innere Blutungen.

Inzwischen reicht es schon, daß ich mal Kopfschmerzen oder Bauchweh habe, und schon baut sich um mich herum eine Mauer aus schiefen Blicken auf. Aids, diese gottverdammte Pest, nimmt die Kreide und zieht ihre Grenzen – ich draußen, sie drinnen. Auch im Restaurant. Sie greift alle an, sie ist überall. Ein Hüsteln in der Küche, und schon erscheint sie hinter meinem Rücken und setzt ein Riesengetuschel in Gang. Princesa ist nicht mehr Prinzessin im Roda Viva, sie ist eine vergiftete Frucht.

Auf dem Strich ruft sich die Krankheit mit den Schlagstöcken der Polizei in Erinnerung: Schwule Sau, zeig mal die Kondome her! Hast du keine, gibt's Prügel.

Die Kirche der Heiligen Teresa, Rogéria ist mit einem Kunden da. Zwei Schüsse in den Kopf. Die Körper bleiben auf dem Kirchplatz liegen. Die reinste Abschlachterei.

Risomar war eisern: Entscheide dich, Princesa, entweder du arbeitest und hörst auf mit der Prostitution, oder du gehst auf den Strich und gibst die Arbeit auf. Ich entscheide mich für den Strich. Eine Zeitlang war der Markt ziemlich miserabel gelaufen, wegen dem Virus, aber jetzt zog er gerade wieder mächtig an. Er ist wie verhext, der Markt, irgendwas ist neu plötzlich, anders, irgend etwas Angstmachendes. Ich weiß nicht was. Ich habe immer Kondome bei mir. Ich mache eine andere Reise, ich habe andere Ziele.

Anaciclin, immer noch vier Tabletten am Tag. Fernando entschwindet allmählich. Der Penis wird kleiner, die Hoden ziehen sich zurück. Das Haar wird spärlicher, die Hüften breiter. Fernanda wächst. Stück für Stück, Geste für Geste, steige ich vom Himmel auf die Erde herab, wie ein Teufel, ein Wunderwerk. Das ist meine Reise.

Iara war die Schönste in ganz Brasilien, nach Roberta Close. Sie war dreißig, und sämtliche Sambaschulen wollten sie für ihre Shows. Playboy und Fatos & Fotos zelebrierten sie nackt und auf satiniertem Papier. Eine hellhäutige Mulattin, groß wie eine Deutsche. Ihr Körper war perfekt, Plastik und Silikon. Reisen nach Paris und drei Appartements in Rio. Iara ging auch ab und zu auf den Strich, nur so zum Spaß, nötig hatte sie das bestimmt nicht.

Ich hatte gerade zwei Kunden hinter mir und lief mit meinen Kondomen in der Handtasche noch ein bißchen auf und ab, auf der Suche nach einem letzten José, und da traf ich sie. Sie war es, die mir den Floh ins Ohr setzte und mir ein neues Ziel empfahl. Rio ist die richtige Stadt, hier verlierst du dich nur.

Da kommen Typen, beklauen und vergewaltigen dich – ohne Kondom. Sie rauchen Maconha, es sind Schwarze, Arbeitslose, Maconheros eben. Zweimal schnappen sie mich, rauben mich aus und verprügeln mich. Nachts sind sie die Herren der Stadt. Alle haben Angst vor ihnen, und also wird die Verteidigung organisiert. In Gruppen von fünf oder sechs geht man auf den Strich, und alle haben Messer und Scheren bei sich. Es gibt Schlägereien, man haut ab, Hals über Kopf, verliert Absätze und zieht sich jede Menge Narben zu.

Im September neunzehnhundertfünfundachtzig trete ich die Flucht nach Rio an. Weil Iara mich überredet hatte und aus Angst vor den Schwarzen.

Auf dem Strich in den großen Städten führt Severina, die Bombadeira, ihre Meisterwerke vor: aufgeblasene, aufgedunsene, mit Silikon vollgespritzte Körper. Eine unglaubliche, phantastische Farbenpracht. Tausend Modelle der Begierde verzaubern mich, machen mir angst. Dagegen bin ich ein Winzling, ein Würmling. Ich sehe sie mir alle an, und dann wähle ich: Perla ist mein Modell. Definitiv. Wenn ihr mich jetzt anseht, nach der Silikonbehandlung, dann habt ihr sie wieder vor Augen. Ihr würdet ihre langen Beine sehen, die wie Sand am Meer langsam zum Himmel hochsteigen.

Diana fofão hat ihr Gesicht verloren, alles hat sie verloren. Sie versteckt es vor der Sonne und vor dem Blick der Kunden. Ihre Augen sind wie zwei glänzende versenkte Billardkugeln, eingegraben in eine Verwüstung, die das Silikon angerichtet hat. Ihr Mund sieht aus wie ein eklig roter Schnitt auf einem Schaumstoffballon. Diana fofão hatte sich das Gesicht vollgedröhnt, und nichts war ihr geblieben. Entstellt, abstoßend. Ein Mißgriff. Jetzt fallen die Josés nur an den abgelegensten Orten über sie her. Sie wartet auf die Alten und die Besoffenen, denen hält sie sich dann von hinten hin. Das Silikon hat ihr übel mitgespielt. Ihr Gesicht ist verwüstet, entstellt. Plastik, das in der Hitze geschmolzen ist. Er läßt das Fenster herunter, sie schiebt sich mit Schultern und Hintern, das sind ihre Vorzeigestücke, in den Wagen. Er kriegt's aber doch raus und schreit vor Entsetzen: Hau ab, du Monster, du Schwanzschlappmacher. Sie hält ihm die Schere an die Kehle: Scheißkerl, du zahlst trotzdem. Das Zeug ist in das Auge gekommen. Diana fofão ist hin, die Form ist auseinandergeplatzt. Wenn sie das Silikon rausnimmt, ist sie blind. Sie wird die Welt nicht mehr sehen, die sie anstarrt. Ohne Operation bleibt ihr nur eine Welt, die sie angeekelt anglotzt. Wie verdorbene Ware. Sie putzt die Klosetts und ist Putzfrau in einer Pension. Ein Gesicht ohne Licht, da ging sie in eine Kirche und legte sich eine Schnur um den Hals — eine verwelkte Plastikblume.

Severina, die Bombadeira, beruhigte mich: Nein, kein Flüssigsilikon für das Gesicht, das ist zu riskant. Ich zögerte ein wenig: Ich habe Angst, Severina. Was heißt Angst? Wenn du eine Frau werden willst, tut das erst mal weh, erst dann wirst du Fernanda sein. Sie überzeugte mich, eine Woche lang erfand ich die tollsten Tricks auf dem Strich, um das nötige Geld zusammenzubringen. Hunderten von Josés entriß ich die Knete, um meinen Wunsch zu verwirklichen: Princesa wird wie Perla sein. Ja, eine Kopie von Perla. In Rio ist alles möglich. In Rio träumt man von etwas, und schon ist es eingetreten.

November neunzehnhundertfünfundachtzig. In ihrem Haus pumpt Severina mir die Hüften mit Flüssigsilikonspritzen auf. Ohne Betäubung.

Dezember neunzehnhundertfünfundachtzig. In seiner Klinik setzt Professor Vinicius mir die Silikonprothesen auf die Brüste. Mit Betäubung.

Es war ein wunderbares Gefühl, das nur dadurch etwas gedämpft wurde, daß ich solange darauf habe warten müssen. Als ob ich in dem Spiegel zweiundzwanzig Jahre lang nie etwas anderes gesehen hätte als diese Linien, diese Formen. Zwei halbe Kokosnüsse waren meine ersten Brüste gewesen, die ersten Rundungen, die meinen kleinen Körper weicher machten. Cícera erwischte mich, und es setzte Prügel. Seitdem sind fünfzehn Jahre vergangen, und jetzt endlich trage ich übertriebene Hüften, weit und ausladend wie die Windung des Saõ Francisco. Sie machen den Gang weiblich, diese Kurven. Sie drücken mir weich auf die Taille und führen dann allmählich zu den Brüsten hoch: zwei duftende pralle Äpfel. Ein letzter Tupfer noch, dann ist alles fertig. Jetzt wird man mich lieben, nun kommt alles in Ordnung. Erst mal geht es mir so gut. Ich fühlte mich gut vor Gott und vor den Menschen. Im Kopf und im Spiegel: Fernanda und transsexuell.

Im Tageslicht ziehe ich mich aus und lege mich in den Sand. Ich gehe zum Strand. In dem Gewimmel bin ich eine von vielen. Ich gehe in der Menge auf. Mit mir ist absolut alles in Ordnung, leichten Schrittes gehe ich umher, präsent und doch unsichtbar für die Zerstreutheit der Leute: eine Frau. Daß ich tatsächlich Fernanda bin, beweist man mir jetzt durch tausend Aufmerksamkeiten, die ich vorher nicht kannte, sie bestätigen mich. Ein Herr läßt mir den Vortritt, ein älterer Herr ist von ausgesuchter Höflichkeit mir gegenüber, ein Junge zwinkert mir mit den Augen zu. Erst nach der Behandlung wußte ich wirklich, was es hieß, eine Frau zu sein, mitten zwischen tausend Unbekannten. Alles war anders, sogar die Klänge meiner Zunge vibrierten anders. Auch ich wurde anders. Ich wurde buchstäblich in eine andere Welt hineingezogen: die der Frauen.

Eine Frau mit einem Penis, ich weiß. Aber was sie nicht sehen, sollen sie ja auch gar nicht sehen. Und ich helfe ihnen dabei. Ich bestätige sie, indem ich ihn geschickt und gekonnt unter dem Minirock verschwinden lasse. Eingeklemmt in die kleinen elastischen Slips. Durch die Hormone ist er geschrumpft, so zusammengepreßt, daß nur wer ihn sucht, ihn auch findet. (Ich weiß, das stimmt vielleicht nicht. Viele wissen es, viele durchschauen das. Sie sehen es, und trotzdem verhalten sie sich, als ob ich ganz Frau sei. Und dieses »als ob« ist schon viel für mich. Vielleicht sogar alles. In der Verlegenheit greifen die allermeisten zum Schein der Konventionen: Brüste, Hintern, alles in Ordnung, also Fräulein. Am Strand wie im Restaurant. Und für mich ist es ein neues Leben.)

Ich fand mich wirklich schön, als ein paar Nächte nach der Behandlung ein Stammkunde mit einem jüngeren Bruder, der noch fast in den Windeln lag, kam. Das war in der Rua Augusto Severo. Der kleinere hatte mich auserkoren: Die will ich! Ich sagte nein, mit dem Kleinen riskierte ich das Gefängnis. Aber der Ältere versprach, daß er dafür sorgen würde, daß nichts schiefginge, und ich ging mit ihnen. Wir kamen zu einem halbdunklen Parkplatz, und im Auto brachte ich mich in Pose, um den Kleinen zufriedenzustellen. Er nahm mich mit einem tierischen Stoß. Die Vorhaut platzte, und er brüllte vor Schmerz, dieser kleine Barbar. Er hinterließ mir das Kondom im Hintern und schmierte mich mit Blut voll, dabei schrie er unaufhörlich weiter. Der Bruder kam dazu und wollte mir an den Kragen, und ich hatte alle Mühe, ihm zu erklären, daß das Kondom doch da war, auch wenn er es im Moment nicht sehen konnte. Vorhautverengung, suggerierte ich fast professionell. Und außerdem, José, ist dein Brüderlein ein ganz schöner Draufgänger, darum hat er sich weh getan! Sie zwangen mich, sie zum Krankenhaus zu begleiten, wo der Arzt zum Glück meine Version bestätigte. Etwa zehn Tage später kamen sie wieder, und diesmal kriegte der Kleine, was er wollte. Das passiert oft, bei den Transsexuellen, daß sie solche Initiationen zelebrieren.

Severina, die Bombadeira, und der Doktor Vinicius hatten eine glückliche Hand bei mir, und ein paar Tage lang dachte ich, meine Flucht sei zu Ende. Ich bildete mir ein, ich hätte es geschafft. Zweitausendfünfhundert Kilometer, ich hatte mich genug entfernt, um zurückkehren zu können. Zu Cícera, ganz normal als Frau, als ihre Tochter, ganz normal. Ich würde nicht mehr vor Verlegenheit rot werden. Ich ging auf den Strich und erträumte mir eine Rückkehr in allen Ehren. Ich würde aufhören, mich zu verkaufen, wie man Fleisch im Schlachthaus verkauft. Wie eine Frau würde ich mit einem Mann leben, oder als Künstlerin in einem Club. Noch ein paar Jahre Prostitution, und dann würde ich eine kleine Bar eröffnen können, eine Boutique oder ein Restaurant, erst klein, dann groß. Na jedenfalls, nach Severina war meine Zukunft wie für ein Fest herausgeputzt. Ich arme Idiotin!

Diana blies den Männern einen, daß es schon halsbrecherisch war. Das klingt vielleicht brutal, aber so ist es nun mal. Das war ihre Arbeit, nichts dabei, ihre Spezialität. Das Problem war nur, daß sie es mit den Bullen machte. Da ist ja auch noch nichts dabei. Alle Transen geben den Drohungen der Polizei nach. Damit sie ihnen nichts anhaben können, und um sich eine Nacht im Knast und eine anständige Tracht Prügel zu ersparen. Diana übertrieb es allerdings. Sie war die Königin der Polizei in Carioca, ihr Schützling. Sie kamen mit der ganzen Patrouille, hauten alles um sich herum kurz und klein, und sie ging in die Knie und saugte alles aus ihnen raus, was sie kriegen konnte. War fast so was wie 'ne Leidenschaft bei ihr. Mir gefiel das überhaupt nicht, aber ich machte mir auch keinen Streß daraus, das war schließlich ihre Angelegenheit. Einmal schnappten sie uns auf der Avenida Atlantica, wo

wir uns gerade mit noch fünfzig anderen Transsexuellen
die Kunden an Land zogen. Der Lastwagen kam an, 'ne
ganze Menge Begleitfahrzeuge davor und dahinter, und
es gab einen Riesenkrawall, ein Riesengetümmel. Das gab
es oft, wenn irgend so ein Perverser einen Diebstahl an-
zeigen ging. Wegen der Droge, die da im Umlauf war.
Oder auch wegen der verdammten Pest, oder einfach wegen uns, wir waren ja ein tödliches Attentat auf den öffentlichen Anstand. Jedenfalls, an dem Abend wurde mir
klar, daß Diana ein übles Ende nehmen würde. Sie ließ
sich so eine Behandlung nicht gefallen. Sie weigerte sich,
auf den Lastwagen zu klettern: Wieso denn das, ich war
doch erst letzte Nacht da, eure Königin für eure kleinen
Begierden, und zum Dank schiebt ihr mich mit Fußtritten herum. Das war so allgemein dahingesagt, und in dem
ganzen Durcheinander rieselte das so dahin wie Rosen-
wasser, vermischt mit ein paar Spuckern ins Gesicht.
Aber eins konnte der Unteroffizier dann doch nicht ver-
kraften. Diese Unglückselige konnte ihre Zunge nämlich
nicht im Zaum halten und fing an, alle aufzurufen, wie bei
einem Appell. Einen nach dem anderen, Name und Vor-
name. Alles ihre Kunden, lauter Bullen. Da wurde die Sache allerdings wirklich brisant, viele verloren ihr Gesicht.
Schwarze Gesichter, Teufelsgesichter. Diana ließ nicht
locker, eine Passionara der Wahrheit, koste es, was es
wolle. Das wird sie teuer zu stehen kommen, dachte ich
auf dem Lastwagen. Das macht sie immer so, flüsterte mir
eine Bicha ins Ohr. Wir sahen sie zwar nicht, aber wir
hörten ihr rasendes Geschrei. Sie schleppten sie weg, und
ich dachte, die ist schon tot. Aber am nächsten Abend war
sie, das reinste Wunder, schon wieder auf dem Strich auf
der Avenida Atlantica von Copacabana. Das Gesicht war
vor lauter Schlägen ganz angeschwollen. Wir grüßten uns

auch, sie kam auch aus dem Nordosten, aus Fortaleza im Staat Ceará, genauer gesagt. Dann gingen wir beide wieder an die Arbeit. Um drei Uhr nachts forderte eine Patrouille sie auf, einzusteigen. Und sie war einverstanden. Ich sah sie mit meinen Augen, immer noch voller Leidenschaft und Getue. Drei Tage später fand man sie auf dem Strand von Botafogo. Ohne Brüste und ohne Penis. Messerstiche und fünf Kugeln in den Mund.

Die Schläge gingen von unten nach oben und brachten drei Nähte an der rechten Brust zum Platzen. Sie schnappten mich, als ich allein war, weit weg von der Gruppe. Ein Kunde hatte mich an der Peripherie rausgeschmissen. Sie machten eine Vollbremsung und stiegen türenschlagend aus. Da waren sie schon wieder, in Rio noch schlimmer als in Bahia: Teufelsfratzen, Affengesichter. Sie drängten mich in eine Ecke, und instinktiv zog ich eine zwanzig Zentimeter lange, spitze Schere aus der Handtasche. Ich stach sie dem ersten ins Gesicht, der mir vor die Augen kam. Ein Hundsgesicht, ein Bulle – und ein Schwarzer. Das Blut war ihm noch gar nicht richtig übers Gesicht gelaufen, da hatte ich es schon bereut, daß ich so mutig gewesen war. Wenn alle Fluchtwege versperrt sind, kämpfe ich normalerweise nicht, dann ergebe ich mich. Dann bin ich schon scheintot oder unterwürfig. Ich inszeniere mein Werk, als hätte der Teufel es schon vollbracht, in der Hoffnung, daß der andere nachgibt oder daß er es sich noch einmal überlegt, daß er irgendwie von der geraden Linie seiner Absichten doch noch abkommt. Aber an dem Abend hätte ich diesem Vieh das Herz durchbohrt. Und deshalb war ich über mich selbst erschrocken. Die würden mich umbringen wegen dieser Kühnheit. Der Schlag traf unglücklich auf die Brust.

Zuvor hatte ich schon einen in den Bauch gekriegt, der mich in die Knie hatte gehen lassen. Ich knallte platsch auf den Bürgersteig und hinter mir her eine ganze Salve von »Schwule Sau«, Schlägen und Fußtritten. Ich merkte nicht einmal, als es vorbei war. Ich hörte nur noch, wie Türen zugeschlagen wurden und wie die Reifen auf dem Asphalt knirschten. Es war eine Freitagnacht im Dezember neunzehnhundertfünfundachtzig, und die Brust blutete stark.

Ich mußte den Montag abwarten, bevor Dr. Vinicius mich untersuchen konnte. Er stellte fest, daß die Wunde sich in der Zwischenzeit entzündet hatte. Er trug die Prothese ab, und meine Brust wurde zu einem Lächeln ohne Zähne. Mich im Spiegel anzusehen war eine Anstrengung, die Narbe brachte meine Gedanken zum Kreisen. Um die Depression zu mildern, kamen die Tröstungen der Chirurgie: Nur sechs Monate, und dann ist alles wieder in Ordnung. Mit einer neuen Operation und einer neuen Brust. Vorausgesetzt, ich konnte das Geld dafür auftreiben.

Lorena, eine Bicha, ein alter Transsexueller, war meine Rettung. Eine ehrliche Haut und eine Freundin, wie ich sie nie wieder gefunden habe. In ihrer Wohnung fand ich Zuflucht und Hilfe. Wenig Geld, aber viel Solidarität.

Es war dann jedoch Severina, die mich wieder aufbaute. Sie brachte mich wieder hoch mit einer zweiten Silikonanwendung an den Hüften. Zahlen kannst du, wenn du wieder auf den Beinen bist. Ich atmete auf. Zwei schöne Pobacken, gepaart mit einem schönen Rückenende, trösteten mich über die ungleichen Brüste hinweg. Ich wußte es ja, diese eine weiche Stelle, die die Pobacken zusammenhält und trennt, macht meine Josés mehr an als die beiden Brustfüllungen. Die Pobacken sind die wirkliche Versuchung! Das war schon immer so, da erblaßt sogar der Teufel, der keine hat, vor Neid. Jedenfalls, ich tröstete mich. Severina fand immer wieder ermutigende Worte für mich: Na klar kannst du wieder auf den Strich gehen. Du bist schön, wer soll denn diesen kleinen Defekt an der Brust bemerken?

João Paulo bemerkte ihn, aber er sagte, das macht nichts. Du wirst sehen, eines Tages wird sie wieder im alten Glanz erstrahlen. João Paulo war Student, er wollte Ingenieur werden. Er sprach mich auf der Rua Augusto Severo an. Einen Monat später ist er nicht mehr mein Kunde, sondern mein Geliebter. Der Sex machte ihm Spaß, und er hatte eine Menge Phantasie. Mit dem schwulen Edson gar nicht zu vergleichen. Einmal, an einem Sonntag, lud er mich zum Essen ein und machte mir einen Vorschlag: Laß uns zusammen eine Wohnung mieten, wir teilen die Kosten. Ich sagte ja, aber ich hatte nicht genug Geld. Ich gehe einen Monat nach São Paulo auf den Strich, dann mieten wir uns zusammen eine Wohnung. Ich entschied mich für São Paulo, weil man da besser arbeiten konnte, das erzählten jedenfalls meine Kolleginnen. Er war dagegen, wegen der Entfernung, und es gab einen Riesenstreit. Wie zwischen Mann und Frau, das gefiel mir gar nicht schlecht. Mit Tränen und kleinen Bosheiten würzte ich die Szene, wie sich das gehört, bis ich schließlich das ersehnte Happy-End einläutete. João Paulo akzeptierte die Idee mit meiner Abreise.

Ein Unbekannter machte sich an Tetê heran, als sie aus dem Hotel Ouro Preto kam, in der Rua da Lapa. Sie hatte gerade eine Nummer hinter sich gebracht. Der Typ war sich ganz sicher: Sie war es, die ihm das Messer an den Hals gesetzt und ihn ausgeraubt hatte. Eine Goldkette und eine armselige Brieftasche. Er war noch immer ganz außer sich vor Wut, als er auf sie losging, schrie und fuchtelte herum wie ein Besessener. Er schoß ihr ins Herz und noch eine Kugel in den Rücken. Tetê starb auf der Stelle.

Sie starb unschuldig. Sie war das nicht gewesen mit dem Raubüberfall. Eine Doppelgängerin war es, eine dumme Kuh, die genauso aussah wie sie, von derselben Hand aufgepumpt, dasselbe Modell. Tetê starb wegen eines Irrtums, weil man sie verwechselt hatte. Der Unbekannte erschoß sie, während ich mit einem Kunden, den ich gerade erst aufgegabelt hatte, in das Ouro Preto ging. Ich verzichtete auf die Nummer und ging nach Hause, ich fühlte mich dreckig.

Nach São Paulo fuhr ich mit einem festen Programm: Hotel und Strich, eine Woche lang. Ich sah nichts anderes mehr, ich tat nichts anderes, alles lief glatt. João Paulo hatte mich rumgekriegt, und durch die Entfernung wurde das Gefühl des Verliebtseins nur noch größer. Er wollte mich als Frau, Tag und Nacht, und das reichte mir. Das war nicht so ein Hungerleider wie Edson! Er besaß ein schönes Auto und hatte eine feste Anstellung bei der Petrobas, der brasilianischen Ölgesellschaft. Na jedenfalls, als die Sache mit São Paulo gelaufen war und ich gerade zu ihm zurück wollte, da lief mir Jacqueline über den Weg, ein sehr diskreter Transsexueller, der mit den ganzen Eifersüchteleien nie etwas am Hut hatte. Sie entschuldigte sich bei mir, daß sie was mit Paulo gehabt hatte in der Zwischenzeit. Oder besser: Er hatte bezahlt, und sie hatte ihm als Prostituierte zur Verfügung gestanden. Mehr war das nicht, Princesa, für mich war der ein Kunde wie jeder andere. Ich wußte nicht, daß er dein Mann ist. Aber jetzt ist es nun mal passiert, und also ist es besser, ich sag's dir gleich: Er treibt's mit allen!

So war das also, und ich hatte es geahnt. Das war wirklich eine schöne Heimkehr, ein gelungener Anfang. Auf Jacqueline war ich nicht sauer. Wenn sie es mit Absicht getan hätte, hätte ich ihr das Gesicht zerschnitten. Ich war wütend auf Paulo, der immer noch alles bestritt. Ich schickte ihn nicht sofort zum Teufel, weil er ja so wohlerzogen war. Dieser Lügner. Er hatte es hundertmal geschworen: Mit den anderen Transen ist es aus, Ende. Seinetwegen hatte ich das Gesicht verloren, dieser Scheißkerl. Alle in der Rua Augusto Severo würden mich auslachen: Princesa gibt ihm ihr Herz gratis, wir den Arsch auf Bezahlung! Ich würde ihn zerfleischen, ich war wie eine Ehefrau, die sich mit ihrem Mann streitet. Dann sagte ich ihm, er solle sich verdünnisieren und mich in Frieden lassen. Aber so einfach sollte es dann doch nicht werden, die reinste Besessenheit wurde daraus.

Brenda, die schöne Brenda. Eine Künstlerin. Alles vollgestopft mit Plastik und Silikon, eine sehr weibliche Schönheit. Von montags bis donnerstags gingen wir in der Rua Augusto Severo zusammen auf den Strich. Dann ließ sie mich allein, um ihre Show im Papagaio abzuziehen, einem Discoclub in Rio. Sie stieg auf die Bühne, alle Lichter brannten für sie. Alle in der Rua Augusto Severo beneideten wir sie. Sie machte Tina Turner nach, Diana Ross und andere amerikanische Sängerinnen. Der Diskjockey legte die Musik auf, Brenda erfüllte sie mit provozierenden Gesten. Der Sohn eines Richters, ein Minderjähriger, stieß ihr ein Messer zweimal in den Hals. Aus Eifersucht, sagte

94

er im Prozeß. Er hatte sie mit seinem besten Freund ertappt. Zwei Monate nach dem Mord lief der Kleine, der Mörder, schon wieder frei in der Rua Augusto Severo herum. Keiner protestierte, die anderen haben ihn auch danach noch weitergemolken.

In Scharen stiegen sie in Galeão, dem Flughafen von Rio, aus. Alle waren sie in Europa des Landes verwiesen worden. Auf der Straße gaben sie uns ihre Informationen weiter: In Spanien, Frankreich und Italien läßt es sich sehr gut arbeiten. Wenn du da sechs Monate auf den Strich gegangen bist, kannst du dir ein Appartement in Rio kaufen. Ja, in Paris muß man eine Gebühr bezahlen, für die Straßennutzung. Da gibt's die Alten, die beuten da alle aus und organisieren das ganze Geschäft. Aber 'ne Menge Geld gibt's, und da bleibt dir noch genug übrig. Die Männer sind perverser als die Brasilianer, aber sie zahlen gut. Am besten sind die Italiener. Die Polizei? Die bringen dich da nicht auf der Straße um.

Das war schon eine ganze Menge. In Rio brachten die uns um, als wären wir Hühner. Drei oder vier pro Woche. Die Nachricht schlug Wellen von einer Straße zur anderen. Im Morgengrauen fand ich sie dann in einer kleinen Spalte in der Zeitung wieder.

Den Frauen passierte nichts. Die wurden von den Banditen und von den Bullen verschont. Die waren längst weg von der Straße und arbeiteten in den Häusern.

Aber es gab nicht nur Schüsse und Messerstiche.

– Renata aus Brasilia. Sie erfährt, daß sie Aids hat, und bringt sich mit einer Überdosis Heroin um.

– Jane aus Niteroi. Sie wird aus Frankreich ausgewiesen. Ihr Geld, ein kleines Vermögen, wird von der Polizei konfisziert. Sie kommt ohne einen Pfennig Geld nach Rio zurück und fängt wieder an, auf den Strich zu gehen. Sie spritzt Kokain und trinkt Alkohol wie eine Verrückte. Mit einer Schere sticht sie einem Polizisten in die Augen, daß er blind wird. Sie führt ein chaotisches Leben, wird von der Polizei gehetzt. Dann kriegt sie Aids. Sie stirbt an Leberzirrhose im Krankenhaus.

– Alcione, ein bösartig gewordener Unglücksrabe. Neunzehnhundertfünfundachtzig stellt sie fest, daß sie HIV-positiv ist. Sie versucht, sich umzubringen, indem sie aus dem siebten Stock springt. Die Stromleitungen bremsen den Aufprall. Sie bricht sich Arme und Beine, überlebt aber. Ein Wunder, schreiben die Zeitungen. Sie kommt aus dem Krankenhaus und fängt wieder mit der Prostitution an. Ohne Kondome. So, wie ich es mir einge-fangen habe, gebe ich es auch weiter, erzählt sie herum. Sie entführt einen Vater von drei Kindern. Sie sticht ihm mit einer blutigen Nadel in den Hals. Nach drei Monaten stellt sich heraus, daß der Mann HIV-infiziert ist. Er geht wieder in die Rua Indianópolis und ballert ihr drei Schüsse ins Gesicht.

– Suzi, genannt Suzi Freire. Sie ist der älteste Transsexu-elle in São Paulo. Sechzig Jahre. Sie arbeitet als Köchin in einem Haus, in dem noch zehn andere Transsexuelle le-ben. Sie trinkt und raucht Maconha rund um die Uhr. Sie stirbt im Krankenhaus an Aids. Valmor, die Besitzerin des Hauses, kümmert sich bis zum Schluß liebevoll um sie. Sie organisiert und bezahlt sogar die Beerdigung. Eine seltene Solidarität für einen Transsexuellen.

– Geraldina aus Recife. Zweiundfünfzig Jahre. Sie leitet ein Haus, in dem zwanzig Transsexuelle leben. Sie streckt das Geld für die Flugtickets nach Europa vor. Sie ist mit der Polizei in São Paulo gut befreundet. Sie spritzt Heroin und ist HIV-positiv. Sie schert zwei Transen aus Carioca die Köpfe kahl, weil sie ihren kleinen Freund belästigen. Als sie einmal aus Mailand zurückkommt und in Rio aussteigt, wird ihr schlecht. Vierundzwanzig Stunden später stirbt sie im Krankenhaus. Eine Kreislaufsache, heißt es. Manche sagen, Heroin. Manche sagen, Aids hat sie niedergemetzelt.

– Acasia. Sie kommt aus Manaus, mitten im Amazonasgebiet. Eine schöne Indianerin, ein Meter achtzig groß. Sie entkommt der Sklaverei der Garimpos. 1986 kommt sie nach Italien. Nach vier Monaten kehrt sie reich zurück. Sie kauft ein Appartement für zwanzigtausend Dollar in São Paulo und ein schönes Auto. Sie sammelt Perükken. Das Hin und Her mit Italien geht weiter. Sie schläft ohne Kondome mit den Männern und zieht sich Kokain rein. Sie stirbt im Krankenhaus an Aids. Im Testament vermacht sie alles ihrem italienischen Lebensgefährten.

– Simone, besser bekannt als Laranjinha. Sie ist weiß, schön und stark. Sie ist HIV-positiv. Jeden Tag geht sie zum Strand. Sie geht mit mir auf den Strich in der Rua Augusto Severo. Sie hat keine Angst vor Konkurrenz. Sie hat mit allen herzlichen Umgang. Dann wird sie ins Krankenhaus eingeliefert. Fünf Tage später stirbt sie. Sie hat keine Familie. Ihren Körper nimmt die Universität von Rio.

Ich dachte, der ist verrückt. Er ließ einfach nicht locker. João Paulo, der verlassene Liebhaber, präsentierte sich jetzt als Kunde. Zuerst bettelte er mich an, dann bedrohte er mich: Ich zahle ja schließlich, also mach's mit mir! Jeden Abend inszenierte der irgendeine Show. Ich ging mit ihm ins Bett, dann zerriß ich ihm das Geld vor den Augen. Er heulte, der Verräter. Er führte sich auf wie ein Wahnsinniger, er wollte, daß ich seine Verlobte bin. Ich dachte wirklich, der ist durchgedreht. Über mir liegend schwor er hoch und heilig, daß er mich liebte. Und ich langweilte mich unter ihm, seine Anwesenheit ging mir auf die Nerven. Die Situation wurde von Tag zu Tag schlimmer. Immerhin nahm ich nach den anfänglichen Spielchen doch das Geld mit. Er kriegte nie die Kurve und laberte mich voll. Er ließ mich nicht arbeiten. Ich tauschte die Rua Augusto Severo gegen eine andere Straße ein. Aber es nützte nichts. Er klebte an mir wie ein Hund an einer läufigen Hündin.

Als Dr. Vinicius endlich wieder Hand an meinen Busen legte, war Rio für mich eine Stadt geworden, aus der man weg mußte. Am zweiundzwanzigsten Mai neunzehnhundertsechsundachtzig, an meinem Geburtstag, entschloß ich mich, nach São Paulo aufzubrechen. Eine ordentliche Stadt, hieß es, mit anständigen Leuten. So dachte ich, so hoffte ich. Ganz schön blöd.

»Halte São Paulo sauber, töte einen Transsexuellen pro Nacht.« Das war also die industrielle Hochburg von Brasilien. Das hatte sie sich auf die Wände geschmiert, im Krieg gegen die Pest der Gays und der Transsexuellen, gegen den Virus und die Prostitution. Als ich in einer Freitagnacht ankam, ich kam vom Ende der Avenida Floriano Peixoto runter, fand ich mich in einer riesigen Menschenmasse wieder. Man roch ihn gleich, den öffentlichen Anstand. Turbulent. Eine Prozession von blendenden Glasaugen. Scheinwerfer, die den Mond auffressen, weiße Stoßzähne, Motorräder, Autos und Fußgänger. Im Schrittempo, ganz langsam, krochen sie daher. Die Frauen mit ihren Ehemännern, die Kinder mit den Vätern. Sie schwingen Stöcke, halten Steine in den Fäusten und Ketten. Sie säubern die Stadt. Wie eine Wolke, die sich allmählich zur Mitte der Straße hinbewegt, die Bürgersteige entlang. Ich kannte mich aus inzwischen, ich paßte also auf. Ich ließ mich hinter einem Baum in der Kurve nieder. Mit einem Augenaufschlag konnte ich die ganze Straße überblicken und zur Not abhauen. Karina nicht. Sie ist mit Leib und Seele bei ihrer Show, und bei der Konkurrenz. Deshalb sehe ich sie kommen, sie aber nicht. Sie geben Gas, es sind zehn, zwanzig Zentauren auf Motorrädern. Sie scheren aus der bedrohlichen Masse aus, und schon ist Karina dran. Die Ärmste wird zur Beute für die Meute, eingefangen von der Bande, zerschlagen, ramponiert mit Stöcken und Ketten, niedergemetzelt mit Steinen – die lieben Gattinnen mit ihren Männern, die Kinderlein mit ihren Vätern. Weiße, schöne weiße Familien. Die Rua Peixoto ist für eine Nacht wieder mal gesäubert, Karina tot. Zerfleischt. Ich konnte mich gerade noch in Sicherheit bringen, mit den Schuhen in der Hand ist mir die Flucht gelungen.

Den Stadtplan von São Paulo kannte ich schon auswendig, sämtliche Straßen und die, die für meinen Job in Frage kamen. Was ich nicht kannte, waren die Kälte und Kleider, die warm halten. Ich suchte mir also welche aus für uns beide, für die Hure und für die Dame. Sittsame und schamlose. Meine Kleider boten keinen Schutz. Ich rüstete mich mit einem Regenmantel aus, der alles schön bedeckte. Fast nackt versteckte ich mich unter dem Übermantel, um den Arbeitsplatz zu erreichen und wieder zu verlassen. Auf dem Strich dagegen schlug ich mich nackt wie ein Jaguarweibchen. Ich hatte sensationelle Arschbacken und Brüste und einen Body, der war einfach perfekt. Da mußte mir mein José aus São Paulo doch einfach verfallen. Ich prostituierte mich nicht, ich verkaufte ihm einen Traum. Ich tänzelte ihm in den Augen herum und zwischen den Beinen, sobald er auf mich zukam. Aber die Nacht in São Paulo war kalt, und ich wollte doch unbedingt ein Jaguar sein, also fing ich an, viel zu trinken. Whisky und Wodka. Mein Gehirn, meine Gedanken gerieten ins Schwanken. Ich war allein und stürzte ab.

Nach zwei Monaten mietete ich mir ein kleines Appartement. Oliria, die Hausherrin, verlangte lediglich pünktliche Zahlung, ansonsten hatte sie nichts gegen mich. Es entstand eine Freundschaft. Sie begeisterte sich für meine Liebesgeschichten und für meine Pläne. Unter Frauen sprachen wir über Männer. Sie respektierte mich, weil ich tagsüber diskret war, lange Röcke trug und einen Gang hatte wie eine Dame. Nach Hause brachte ich nie Kunden mit. Ich bewegte mich lautlos, und sie wußte das zu schätzen. Normalerweise ist der Trans nämlich ein Chaot. Wo er auftaucht, gibt's immer Chaos und Hurereien, Diebstahl und Drogen, Raubüberfälle, Mord und Totschlag.

Margo: ein Fell wie ein Lamm und eine Seele wie ein Wolf. Eine Mulattin, ein Meter achtzig groß. Sie war ein hinterlistiges Biest mit der Kraft eines durchtrainierten Boxers. Gut gekleidet und provozierend. Aber auch arrogant und gemein. Sie brachte es fertig, in ein Auto einzusteigen, ihrem Freier das Messer an den Hals zu setzen und ihn dann zu beklauen. Dann ließ sie ihn einfach da sitzen wie einen Trottel, verpaßte ihm noch rechts und links eine Ohrfeige und brach ihm den Autoschlüssel im Armaturenbrett ab. Sie bestimmte, wie das lief auf dem Strich. Dem José blieb nichts anderes übrig, als zu gehorchen, sonst gab's Prügel und Messerstechereien. Margo war böse und pervers. Sie schlug sich wie ein Wolf, mit den Männern und mit den Bullen. Auf dem Strich stellte sie dann ihre Trophäen aus: Pistolen und Schlagringe, die sie ihren Feinden abgeknöpft hatte. Der reinste Krieg, lauter kleine persönliche Kämpfe. Das war ihre Art der Prostitution. Wenn ihr gerade danach war, fickte sie auch den ersten besten, der ihr unter die Augen trat. Sie nahm keine Hormone, und sie hatte eine tierische Kraft. Klar, daß die Demütigung an dem Ärmsten nagte. Da will man jemanden bumsen und wird dann selbst gebumst: eine tödliche Beleidigung. Margo machte den Markt kaputt. Mit vier Schüssen Kaliber achtunddreißig befreite sich die Avenida Indianópolis von ihr. Plus achtundvierzig Stunden höllischer Qualen.

Nicht, daß ich eine Heilige wäre. Ich war gerissen geworden, wachsam, das habe ich ja schon gesagt. Der Markt von São Paulo war auch schwierig geworden, höllisch. Wenn die verdammte Pest dich nicht direkt erwischt hatte (ich war mir sicher, daß ich mich nicht angesteckt hatte), dann schlug sie von außen mit Stöcken und Revolvern auf dich ein. Das Geld wurde auch weniger. Also ließ auch ich ab und zu eine Brieftasche mitgehen, um meine nächtlichen Einnahmen ein bißchen aufzurunden. Allerdings nur bei besoffenen Kunden oder bei denen, die sich mit Maconha vollgequalmt hatten. Nur wenn die so daneben waren, daß sie mich nicht wiedererkennen würden.

Margo dagegen übertrieb es wirklich. Ich habe nichts dagegen, wenn man dem was abknöpft, der das Geld hat. Aber die brachte die armen Schweine ja um ihr ganzes Hab und Gut. Das ging denen ja auch an die Ehre. Wegen Typen wie ihr mußten Tetê und die anderen Unschuldigen mit dem Leben bezahlen. Ich hätte auch fast einmal ins Gras gebissen, wegen einer, die mir total ähnlich sah.

Ich war auf der Avenida Indianópolis unterwegs, und ein ziemlich adretter Herr fragte mich nach dem Preis. Zweihundert Cruzados für die Liebe, nur mit Kondom. Wir gehen ins Motel, schlug ich vor. Nein, im Auto, antwortete er. Er brachte mich zu einem Parkplatz, wo wir sonst nicht hingingen. Er redete sehr gepflegt, man merkte, daß der Professor war. Dein Lippenstift ist heruntergefallen, sagte er, und suchte ihn unten mit den Augen. Instinktiv bückte ich mich auch, um mit der Handfläche nach ihm zu suchen. Da legt er mir plötzlich die Pistole an das Ohr: Du kleine Hure, jetzt rechnen wir ab! Nein, du irrst dich, das war ich nicht! Rück das Geld raus und die Goldkette! Du kannst dir alles nehmen, aber ich war das nicht. Ich bitte dich, José, sieh mich doch an, zum Teufel, sieh mir ins Gesicht, das war ich nicht! Ich bring dich trotzdem um, du verdammte schwule Sau! Du hättest auf die beiden Idioten schießen sollen, ich habe nichts damit zu tun! Ich bringe dich trotzdem um, du Arschloch. Er zog mich an den Haaren, aber sie gingen nicht ab. Er wollte auf Nummer Sicher gehen, und da kamen ihm endlich ein paar Zweifel. Meine Haare waren nicht falsch wie ihre. Er wollte den Personalausweis sehen, und endlich war er überzeugt, daß ich das nicht gewesen war. Er tröstete sich über den Irrtum hinweg, indem er mir zweimal die Faust ins Gesicht schlug.

Ich wußte, wer ihn beklaut hatte. Die beiden gingen zusammen auf den Strich, als Pärchen, diese Miststücke. Sie waren Experten für gewisse Sonderdienste. Ich kannte auch ihre Adresse, aber ich sagte nichts.

Nach einer Woche waren die beiden verschwunden. Gefoltert und erschossen, weggeworfen wie Abfall in der Müllhalde.

Zweitausendfünfhundert Kilometer trennten mich von Cícera, Alvaro und Adelaide. Ich hatte Heimweh. Ich fing wieder an, von meiner großen Heimkehr zu träumen, als Fernanda, eine Frau, die es geschafft hatte. In meinem neuen Körper fühlte ich mich gut, wie neugeboren. Aber das Glück lag in weiter Ferne, in Europa nämlich, das stand jetzt fest. Der längste Weg ist manchmal der kürzeste. Um etwas Geld zusammenzubringen, um nach Hause zurückzukehren.

Oliria gab mir jede Menge Ratschläge: Du mußt dir einen Mann suchen, Fernanda. Hör auf mit dem Strich. Schreib an deine Mutter, der Kummer wird sie schon verzehrt haben. Ich nahm Papier und Stift und schrieb nach Hause. Zuerst aber ging ich zu einem Fotografen und ließ drei hochanständige Bilder machen. Ich lebe noch, schön und transsexuell, das war das Bild, das sie von mir haben sollten. Ich steckte sie in den Umschlag, aber als ich sie in den Kasten werfen wollte, kamen mir Zweifel, ich hatte Angst, das alles sei doch etwas übertrieben. Wie würde Cícera auf diese unerwartete Neuigkeit reagieren? War das nicht ein Junge gewesen, den sie geboren hatte? Also leitete ich den Brief auf Umwegen weiter, nämlich an Adelaides Adresse, die kleine Schwester würde schon verstehen. Ihre Worte würden mir helfen, die Begegnung mit meiner Mutter vorzubereiten. Mit ihr, die mich doch den anderen so gern als Soldat vorgeführt hätte.

Er rührte sich nicht, der Motor lief noch. Er machte das Licht am Motorrad aus und blieb drauf sitzen. Eine Mütze bedeckte sein Gesicht. Zwei Kreise zum Sehen, einer zum Atmen. Ein Krieger. Ich hatte ihn aus der Entfernung im Visier, versteckt hinter einem Baum, der mich vor bösen Zugriffen schützen sollte. Schließlich fuhr ein Auto an den Bürgersteig heran, direkt auf meiner Höhe. Ein Kunde rollte ganz langsam heran. Plötzlich schnellte das Motorrad los und fuhr hinter ihm her. Es gab immer mehr Gas und blendete dem Typ im Auto mit dem Scheinwerfer in den Rückspiegel. Dazu hupte er laut, und der Kunde kriegte einen Riesenschrecken. Er machte sich aus dem Staub, bevor er überhaupt den Preis zu hören kriegte. Das Motorrad kam angerauscht und tickte mich leicht an, ich war noch ganz platt. Der Typ fuhr einmal ums Eck und hielt dann an der Ausgangsstelle wieder an. Unbeweglich saß er da, der Motor lief immer noch. Fünfmal jagte er meine Kunden in die Flucht. Beim dritten Mal brüllte ich hinter ihm her: Willst du mich wohl arbeiten lassen, du Teufel!? Ich traute mich aber nicht, auf ihn zuzugehen. Also nahm ich einen Stein, aber ich ließ ihn wieder fallen. Die ganze Zeit spuckte das Motorrad Abgas in die Luft. Da saß er auf dem Feuerofen und starrte mich an. Ich forderte ihn heraus, indem ich mit den Hüften schwenkte und wie eine Bahiana daherstolzierte. Ich hob den Rock hoch, um ihm den Arsch so richtig vors Gesicht zu halten: Da, sieh dir das mal an, du Arschloch, kannst das Hügelchen ruhig pflügen, wenn dein Pflug groß genug ist! Er verschwand, und hinter ihm her ein ellenlanger Schwanz von Flüchen.

Drei Tage vergingen, und dann fing er schon wieder an, mir die Scheinwerfer ins Gesicht zu knallen. Ich machte mir Mut und kletterte an dem Licht hoch, um ihn von Angesicht zu Angesicht zu beschimpfen. Aber diese Schlange haute einfach ab. Dann kam er wieder angefahren. Immer an dieselbe Stelle. Die Kolleginnen kamen an und fragten mich, ob ich ihn kenne, ob das mein Zuhälter sei. Ich sagte nein, und dann gingen wir alle auf ihn los. Er kam gerade wieder im Zickzack rangefahren und entging nur ganz knapp einer Schere, die ihm ganz schön zugesetzt hätte. Auch in der Nacht hinderte er mich an der Arbeit. Völlig zermürbt ging ich nach Hause, ich hatte Angst. Olirias gesunder Menschenverstand vermutete, daß João Paulo zurückgekommen war. Ach ja, das habe ich noch gar nicht erzählt. João Paulo, der Wahnsinnige, der blieb hartnäckig, er hatte mich, nachdem ich ihn verlassen hatte, bis nach São Paulo verfolgt. Die Tortur dauerte eine Woche. Aber São Paulo war zu meinem Glück größer als sein Wahn. Ich fand ein gutes Versteck, und da gab er schließlich auf. Als ich die Wohnung mietete, hatte ich Oliria von dieser Geschichte erzählt. Und sie war ja ach so gescheit, mit ihrer Interpretation wollte sie jetzt partout die Quadratur des Kreises herbeiführen. Ich antwortete ihr, daß der Mann auf dem Motorrad nicht João Paulo sein konnte. Der war robust, dieser hier dagegen ein kleines Männchen. Dann schreib dir das Kennzeichen auf und geh zur Polizei, so einfach war das für das kleine Dummerchen. Arme Oliria! Und wenn er ein Bulle ist? Und wenn er ein Gangster ist, und er wird dann verhaftet? Na, dann bin ich ja fein raus.

Masaru Takeda hatte ein ziemlich plattes Gesicht, japanische Rasse. Er war der mysteriöse Mann. Ich erkannte ihn sofort, als er sich als Freier präsentierte. Ich schimpfte auf ihn ein und wollte ihn verjagen: Hau ab, du Hurenbock, durch dich habe ich zwanzig Kunden verloren! Er hielt mir den Revolver vors Gesicht, was mein erhitztes Gemüt ziemlich abkühlte. Als er mir befahl, auf das Motorrad zu steigen, war ich schon halbtot. Er ließ den Motor aufheulen und raste los, und ich krallte mich an ihn, daß Brüste und Bauch nur so gegen seinen Rücken prallten. Bei jedem Anfahren auf gerader Straße drückte ich mich an ihn, und je mehr ich mich an ihn preßte, um so mehr spürte ich, daß es genau das war, was er wollte: daß man sich von hinten an ihn preßt. Das war seine Phantasie. Weiter nichts, ganz harmlos. Mein Krieger raste unter den Wolkenkratzern her, und ich klebte an ihm. Ein Schwuler, dachte ich zuerst, aber das erwies sich dann doch als falsch.

Wenn er auf mir lag, war er leicht wie ein Schmetterling. Seine Liebe ein einziger Flügelschlag. Zu klein der Pflug, oder zu geräumig der Acker. Aber dann – und das war wunderschön – machte er sich lang und streichelte mir den Rücken. Küsse, Küßchen, lauter kleine Küsse. Ich könnte schwören, das war bei ihm das erste Mal mit einem Transsexuellen.

Viele sagen das: Probiert es mal mit der transsexuellen Liebe, und ihr werdet nichts anderes mehr wollen. Es wird eine Leidenschaft. Masaru wurde ein anhänglicher Stammkunde. Er kam fast jeden Abend, nur zu mir, und ich drückte ihn mit meinen Armen und Schenkeln auf dem rasenden Motorrad an mich. Bei unseren Liebesspielen fing er an, mich zu behandeln, als ob ich seine Frau wäre. Jedesmal ein kleines Geschenk, ein Parfüm, eine

Bluse. Er träumte von einer Geliebten, und ich sprang mitten rein in seine Halluzination. Aber wenn ich an die Pistole dachte, die er mir vors Gesicht gehalten hatte, kam er mir doch wieder verdächtig vor. Ich kramte in seiner Brieftasche und fand auch prompt meine Überraschung, Masaru war verheiratet. Eine japanische Frau und eine neugeborene Tochter. Er beschwor mich, ihm die Lüge zu verzeihen, und fing an, mir von einer schiefgelaufenen Ehe zu erzählen, die nur durch das kleine Mädchen noch zusammengehalten wurde. Das stimmte, das kann ich bestätigen, daß das alles stimmte.

Mit einem verheirateten Mann! Und dann noch einer aus Ostasien! Die leben unter sich, Fernanda, das kann nicht halten. Oliria war von Anfang an gegen meine japanische Liaison. Das stand für sie sofort fest, als ich ihr von meiner Absicht erzählte, mit dem Kleinen schnurstracks ein Zusammenleben in die Wege zu leiten. Sicher, wenn ich eine andere Möglichkeit gesehen hätte, wenn ich einen anderen Mann gehabt hätte, dann hätte ich ihn sicher links liegen lassen. Ich liebte Masaru nicht wirklich. Nicht, weil er einer anderen Rasse angehörte. Er war einfach nicht der, den ich suchte. Aber ich war allein, und allein sein kann ich nicht.

Masaru war dreiundzwanzig Jahre alt. Er war Gesellschafter bei einer Firma, die ein Restaurant leitete, und arbeitete als Programmierer bei der Telesp, einer Telefongesellschaft in São Paulo. Sonntags morgens hupte er unter meinem Fenster. Oliria und ich lehnten uns aus dem Fenster. Sie blieb mißtrauisch: Mit dem Mann hast du keine Zukunft, Fernanda. Ich dagegen sah ihn immer zärtlicher an. Er fährt mit mir spazieren, Oliria. Das Gesicht nach oben gerichtet, rahmte Masaru uns in zwei lächelnde Mandelaugen ein. Ein kleiner Wink, und ich ging runter. Ich stieg auf das Motorrad und zog ihn fest an mich, das alte Spiel. Er lud mich jedesmal an einen anderen Ort ein, Mittagessen im Restaurant, Fotobesuche im Zoo. Er nahm mich sogar in die Fazenda der Familie mit. Dieses Teufelchen stellte mich sogar Frau Mitsuko, seiner Mutter, vor. Ich möchte dir eine Freundin vorstellen, sagte er ihr. Ich sagte kein Wort. Ich habe nie erfahren, ob die Alte eine Frau sah oder einen Transsexuellen.

Irgendwann mußte Masaru mich für meine Dienste nicht mehr bezahlen, das wollte ich so. Nur noch Geschenke, und für ihn kein Kondom. Zwei ganze Abende in der Woche hatten wir ganz für uns allein.

Es war Februar neunzehnhundertsiebenundachtzig, und seit ein paar Monaten gab es die neue Regierung Jânio Quadros. Ihr Programm war simpel und linear: Schluß mit der Kriminalität und mit der Prostitution. Das Abschlachten von Transsexuellen und Meninos auf den Straßen nahm ganz neue Formen an. Todesschwadronen, Gruppen von sogenannten wohlanständigen Bürgern und Polizei. Alle schlugen sie los, und der Schutz der Regierung war ihnen sicher. Die Wände füllten sich mit Plakaten: »Töte einen Transsexuellen pro Nacht, säubere São Paulo«. Der Strich wurde zum Schlachtfeld. Das einzige, was mich noch davon abhielt, nach Europa abzureisen, war Masaru.

Ich weiß nicht, wieso ich bei diesem Mann so eifersüchtig wurde. Masaru gefiel mir eigentlich kein bißchen. Ohne Haare und mit 'nem ganz kleinen Schwanz. Aber das

Glück, das er mir im Bett nicht gab, gab er mir mit seiner Sorge um mich, mit tausend zärtlichen Aufmerksamkeiten. Ich glaube, deshalb hing ich immer mehr an ihm, je länger es dauerte. Ganz für mich. Nur für mich. Er gehörte ganz mir. Wie soll ich das erklären? Er gefiel mir nicht, und doch wollte ich ihn. Nichts zu machen, die Eifersucht ist meine Qual. Aus heiterem Himmel fing ich an, mir einzureden, daß er mich betrog, zweimal täglich kontrollierte ich ihn per Telefon. Die Unsicherheit hatte ihre Saat ausgestreut, und in meinem Kopf sprossen die wildesten Phantasien heran: ein Urwald, und ich mittendrin.

Mit Oliria diskutierte ich Tag und Nacht. Wer weiß, was der seiner Frau für Lügen auftischt, sagte ich, grad' so, als interessierte mich die ganze Geschichte gar nicht. Aber die Stimme verriet den Defekt, meine Eifersucht. Oliria merkte es und stürzte sich im Engelsflug in das Nichtgesagte. Sie plantschte im Wasser herum, ließ die Wellen wogen. Ihre Zunge wurde zum Walfischschwanz. Auch meine ging ihr ins Netz und fing an, so wild um sich zu schlagen, daß der reinste Sturm anhob. Wir fanden uns in demselben Boot wieder, ich und Oliria, wenn wir ihn attackierten, den Haarlosen, den Verräter, weil er ein doppeltes Spiel trieb. Die Wellen schlugen hoch, die ganze Unterhaltung bestand nur aus Klatsch und Boshaftigkeiten. Wir schnäbelten in dieselbe Richtung. Sie, um mich zu überzeugen, daß ich ihn vergessen sollte. Ich, weil er sich meinem Besitz entzog.

— Oliria sagt, daß du mich verlassen wirst, Masaru.
— Oliria sagt, daß du nicht an meine Zukunft denkst.
— Oliria sagt, daß du zu deiner Frau zurückkehren wirst.

– Oliria sagt, daß ich mit dir Zeit und Geld verschwende.

– Oliria redet Scheißdreck! Hör auf, Fernanda, die Schnüfflerin soll sich um ihre eigenen Angelegenheiten kümmern!

Wir fingen an, uns zu streiten, und es nahm gar kein Ende mehr damit.

– Du mußt aufhören mit dem Strich, das ist zu gefährlich, Fernanda.
– Und du mußt deine Frau verlassen, laß uns zusammenleben! Ich will eine Zukunft!
– Ich kann doch nicht, ich habe eine Tochter.
– Dann liebst du mich auch nicht!

– Ich will nach Rio und mir den Karneval ansehen!
– Erzähl mir doch nichts, nach Rio willst du doch nur, um nackt und besoffen herumzulaufen wie eine Hure.
– Ich bin nicht deine Ehefrau, ich mache, was ich will!

Daß das irgendwann einmal ein Ende nahm, habe ich der Polizei von São Paulo zu verdanken. Eine Patrouille erwischte mich mit nacktem Arsch, wie ich grade so schön meine Show abzog. Verletzung der öffentlichen Moral und Ausweisungsbescheid. Drei Tage hielten sie mich in polizeilichem Gewahrsam fest, diese Affengesichter. Einer von ihnen versuchte, mir den Kopf kahlzuscheren. Ein anderer konnte ihn gerade noch davon abhalten. In dieser Sache war Masaru wirklich süß. Er schickte mir einen Anwalt und verhinderte die Ausweisung in der letzten Minute, indem er mir zum Schein bestätigte, daß ich in einem seiner Restaurants angestellt war. Ich wurde freigelassen, und es gab erst mal ein paar friedliche Tage. Dann fing mein Kopf wieder an zu rotieren.

– Du hast mit deiner Frau geschlafen! Das rieche ich!
– Du betrügst mich mit irgendeiner Bicha, du Hurenbock!

Das Ganze steigerte sich ins Mörderische, und in kürzester Zeit hatte es seinen Höhepunkt erreicht.

– Du gehst ohne Kondom auf den Strich! Ich traue dir nicht mehr, Fernanda!
– Wenn du mich verläßt, veranstalte ich einen Riesenskandal mit deiner Familie!
– Schluß, aus, es ist aus mit uns.

Ich lief ins Bad, um mir die Pulsadern aufzuschneiden. Er kam mir zuvor, mit einem Faustschlag mitten ins Gesicht. Ich ließ mich im Krankenhaus untersuchen, um zu wissen, ob ich infiziert war. Ergebnis negativ.

Richtig zu Ende war die Sache erst ein bißchen später, als seine Frau in der Tasche ihres Mannes herumkramte und dabei zwei Fotos fand. Zwei Aufnahmen aus dem Zoo mit zwei handgeschriebenen Widmungen. Eine als Princesa, eine als Fernanda. Die Situation überschlug sich, als sie weiter in den Taschen kramte und dabei eine Fotokopie meines Personalausweises fand (wegen der Einstellung). Unter dem Paßfoto stand mein Name einschließlich aller Angaben zur Person: Fernando Farias, männlich und braune Haut.

Das war im Dezember neunzehnhundertsiebenundachtzig, da schickte Masaru mich definitiv zum Teufel.

Oliria war's zufrieden und ließ ein Ich-hab's-dir-doch-gesagt vom Stapel. Ich knallte ihr die Tür vor der Nase zu.

Ich zog in eine Mietwohnung am Stadtrand um. Ich kletterte in den vierzehnten Stock des neuen Hochhauses und sah mich in Gedanken schon zerquetscht auf dem Asphalt liegen. Aber ich verschob das große Finale noch einmal. Ich fing an, viel zu trinken, ich wurde beinahe verrückt. Alle Japaner sahen aus wie Masaru, ich lief ihnen nach, ich sprach sie an. Ich fand mich widerwärtig, wenn ich nachts zur Arbeit ging. Die Krone hatte ich verloren, ich war keine Prinzessin mehr. Mit sämtlichen Arschlekkern, die mir unter die Finger kamen, fing ich sofort Krieg an. Ich ließ Brieftaschen mitgehen, mein Atem stank nach Alkohol. Wenn ich nicht irgendwann die Kurve gekriegt hätte, die hätten mich sicher umgebracht, mit einem Revolver oder mit 'nem Messer.

Sie waren zu viert. Drei Mulatten und ein Schwarzer. Banditen. Sie setzten mir die Pistole an die Schläfe und schleppten mich in ein kaputtes Auto. Dann brachten sie mich aus der Stadt raus und hielten auf der Autobahn an: Los, rede, wo hast du das Coca versteckt? Bei jeder negativen Antwort setzte es Prügel. Ich schnüffele nicht, ich saufe nur! Das wollten sie mir nicht abnehmen und banden mir Hände und Füße fest. Mach den Mund auf, sonst bringen wir dich um! Kommt mit mir nach Hause, da liegt noch das Geld für die Miete, damit könnt ihr euch das Zeug kaufen. Der Chef, der Schwarze, war einverstanden, und so dirigierte ich sie bis vors Haus. Zwei blieben als Wache im Auto. Die beiden anderen eskortierten mich in die Wohnung. Sie nahmen sich das Geld, und den Arsch nahmen sie sich bei der Gelegenheit auch noch. Einer nach dem anderen, ohne Schutz. Die kriegten nicht mal mit, daß das eine Tote war, die sie da bumsten. Der Schwarze setzte mir ein Messer an den Pimmel, bevor sie weggingen. Wenn du willst, meine Schöne, mache ich das sofort, mit der Operation! Ihr Gelächter, dieses Höllengekotze, klang mir noch lange in den Ohren nach.

Als ich endlich im Flugzeug nach Lissabon saß, träumte ich von Rosen und Blumen. Die Rechnung war ganz einfach: sechs Monate Prostitution in Spanien, oder nur vier in Italien; damit wäre ich alle meine Sorgen los. In wenigen Tagen hatte ich meine Abreise organisiert. Ich kaufte ein Ticket, ohne mir irgendwo Geld zu besorgen, damit ich unabhängig war, und fuhr allein los. Es war nicht nötig, die anderen da mit reinzuziehen. Aus den Erzählungen von denen, die man in Europa ausgewiesen hatte, wußte ich alles, was ich wissen mußte. In Europa bringt die Polizei dich nicht auf der Straße um. Ein Schlaraffenland.

Die Dunkelheit hinter dem Guckloch verschluckte Gedanken und Blicke. Ich starrte ins Leere, und allmählich bevölkerten alle möglichen Ängste und familiären Figuren meinen Kopf: Cícera, Adelaide und Alvaro, mein Schwager. Der Brief mit den drei züchtigen Fotos, den ich Adelaide geschickt hatte, war angekommen. Adelaide hatte das mit dem Umweg akzeptiert. Ich weiß nicht wie, aber irgendwie hatte sie Cícera auf den Anblick dieser drei Fotos vorbereitet. Vor meiner Abreise hatte ich noch mit ihr telefoniert, um zu sehen, wie sie gewirkt hatten. Adelaide weinte ein bißchen, und ein bißchen lachte sie auch. Wenn du wüßtest, Fernando, unsere Mutter war total geplättet, sie glaubt's nicht, sie will's nicht glauben, daß du das bist auf dem Foto. Sie ist störrisch wie ein Esel, sie sagt, daß sie noch nicht ganz meschugge ist, daß sie dich schön und als Mann gemacht hat. Sie jammert und denkt, du bist tot, sie wartet, daß du zurückkommst, daß das Wunder geschieht. Ich fragte nach Aldenor, und sie antwortete: Nein, der ist nicht wiedergekommen. Alle sagen, daß er noch in der Caatinga herumirrt und einer Vision hinterherrennt. Auch nach Alvaro fragte ich, ihrem Mann, und sie versicherte mir: Nein, Fernando, wenn er dein Problem ist, dann kannst du ohne Angst zurückkommen. Er hat's verstanden, er ist verständnisvoller geworden. Ich sprach auch mit meiner Mutter, damit sie sah, daß ich noch lebte. Sie erkannte meine Stimme wieder: Fernando, der zweite Junge in der Familie. Sie fragte mich, wovon ich lebte, und ich tischte ihr irgendeine Lüge auf. Dann sprach sie ein bißchen wirr von ein paar Fotos, die man ihr gezeigt hatte. Mach dir keine Sorgen, sagte ich ihr, wenn ich zurückkomme, wirst du alles begreifen. Am Ende des Jahres komme ich, das versprach ich ihr.

Nach einem Zwischenstopp in Casablanca landete die Maschine in Lissabon. Es war neun Uhr morgens und Frühling.

Vom Flughafen Lissabon bis zur spanischen Hauptstadt fuhr ich mit dem Taxi, zwölf Stunden Fahrt und vierhundert Dollar für den Fahrer. Calle Atocha 13, das war die Adresse. Die Pension lag mitten in der Altstadt. Der Besitzer war ein junger Brasilianer, Alcy. Er gab mir auch die Gebührenliste. Tausend Peseten für den Mund, zweitausend für den Arsch. Im Hotel konnte man sogar fünf- oder siebentausend Peseten nehmen. Ich ließ mir von ihm auch drei Sätze in Spanisch auf ein Zettelchen schreiben.

Von Madrid wußte ich gar nichts, es interessierte mich auch nicht, ich sah nichts und hörte nichts. Eine Straße zum Strichen, ein Hotel, drei Sätze in einer unbekannten Sprache, das reichte mir. Klar, das Klima, die Straßen, die Kirchen, die Häuser, fast alles war ganz anders, so feierlich. Mich interessierte das keine Spur. In Europa erschießt man dich nicht einfach. Das war die Hauptsache, das war mir genug. Der ganze Rest ist was für Touristen. Die Spanier wollten von mir Liebe, und ich war von sehr weit her gekommen, um ein Geschäft zu machen. Madrid lohnte sich. Das war sicher. Darum hatte ich ja den Entschluß gefaßt, deshalb hatte ich ja die Reise angetreten. Der längste Weg war gleichzeitig der kürzeste, um meinen Schatz zusammenzubringen. Das war's, und so war das Verhältnis zu dieser Stadt schon mal geklärt. Ich mietete das Zimmer, duschte mich und bat Alcy, mir ein Taxi zum Paseo de la Castellana, mitten in der Altstadt, zu bestellen, da wollte ich anfangen. Ich war müde, aber ich zögerte keine Sekunde. Fünf brasilianische Transen, die auch in der Pension wohnten, schlugen mir vor, ich sollte auf sie warten, sie würden mir alles zeigen. Aber meine feine Nase sagte mir, daß es besser war, sofort loszugehen, und zwar allein.

Ich habe den Fuß noch nicht ganz aus dem Taxi gesetzt, da bin ich auch schon umgeben von Keifereien und Anpöbeleien. Spitz wie ein Messer klangen die Worte in meinen Ohren, und unbekannt. Eine Rauferei war in vollem Gange, das sah nicht gut aus, lauter spanische Transsexuelle. Der Taxifahrer hatte mich am falschen Straßenende rausgelassen. Ich reagierte blitzschnell und stieg sofort wieder in den Wagen. Enttäuscht und verbittert fuhr ich in die Pension zurück. Alcy erklärte mir den Irrtum. Die

Brasilianerinnen stehen hinter der Brücke, in derselben Straße, aber hinter der Brücke. Das hätte böse enden können, Princesa, die spanischen Transen können euch nämlich nicht ausstehen. Weil ihr die Preise gedrückt habt. Und weil ihr auf der Straße immer so ein Chaos mit den Kunden und mit den Bullen veranstaltet. Ich stieg in mein Zimmer und schlief in einem Stück durch bis zum Nachmittag des nächsten Tages.

Mein erster Spanier zahlte zweitausend Peseten. Der zweite tausend. Dann gab's noch mal zweitausend. Ich stieg aus einem Auto aus und rein ins nächste. Superschnell die Leute auf dem Festland. Die reinsten Kaninchen. Ich hatte noch nie soviel Geld gesehen, noch nie soviel gearbeitet. Ich hatte lange schwarze Haare, die bis zum Rückenende reichten, einen Minirock à la brasileira und zwei Absätze, die so hoch waren, daß ich fast den Mond angekratzt hätte. Die einzige Dunkelhäutige an dem Abend. Die ganze Zeit ging's vor und zurück. Alle zehn Minuten suchte ein José meinen Mund oder die Liebe durch den Hintern. Zweiunddreißig Kunden. Das kann man sich kaum vorstellen. Das war wirklich nicht leicht. Das war mein persönlicher Rekord. Ich kam frisch aus Brasilien, und irgendwie wußten die Freier das zu schätzen. Das merkte ich daran, wie ich sie mit meinem Lächeln einfing. Ich verkaufte das Exotische, und erst morgens um sechs war die letzte Phantasie verraucht – und ich kaputt.

Ich war eben frisch, ja, das war's, ich war frisch und die anderen verwelkt. Nicht, daß sie häßlich gewesen wären, im Gegenteil, sie waren wunderschön, viel weiblicher auch als ich, einige jedenfalls. Alle hatten genug zu tun.

Wenn sie hübsch verpackt war, kauften die spanischen Josés gern ausländische Ware ein. Weiß der Teufel, was die kauften. Die Körper waren traumhaft, kunstvoll in Rio oder São Paulo aufgepumpt. Aber im Gesicht hatten sie nichts, das ist so, wie wenn alle Türen sperrangelweit offenstehen, und dahinter gibt's nichts zu entdecken. Das Leben, der Tod hatten die Oberfläche zum Verwelken gebracht. Heroin, erfuhr ich später. Alle aus der Szene, alle drogensüchtig. Ich spritzte nicht, und ich schnüffelte noch nicht, damals. Und das sah man eben, deshalb konnte ich mich gut verkaufen.

Mara, genannt Mara Sexy, die ich noch aus Brasilien kannte, war neidisch auf meine Erfolge. Princesa: Du bumst wohl gratis oder gibst kolossale Rabatte! Nein, ich arbeite nach unserer Gebührenliste, ich bin eben ein Profi!

Zweiunddreißig Freier – das ist kein Pappenstiel – der Arsch tat mir ganz schön weh. Okay, 'ne Menge Typen, ungefähr die Hälfte, wollten nicht meinen Hintern, sondern was anderes. Aber der Rest, und das waren ja nicht gerade wenige, war da durchmarschiert.

Wenn es viel Arbeit gibt, benutzt man Salben. Das Thema ist nicht gerade erfreulich, aber so ist es nun mal. Also die Salben. In Brasilien hatte ich auf Rat der erfahrenen Kolleginnen Xilocaina und Furacin benutzt. Das gibt's schon mal, das kommt schon mal vor, daß von zehn Freiern zwei oder drei einen überdurchschnittlichen Penis haben. Das ist meine ganz persönliche Statistik. Da kann man sich dann schnell eine geplatzte Ader im After zuziehen. Dann muß man drei oder vier Tage aussetzen, und 'ne

Menge Geld geht flöten. Um das zu vermeiden, benutzte ich also Xilocaina, eine Salbe mit betäubender Wirkung, die das Gewebe elastisch macht. Vorher schmierte ich mir noch, um Infektionen zu vermeiden, eine Dosis Furacin rein, eine antibiotische Salbe. Eine Vorsichtsmaßnahme, auch für den Fall, daß ich mal besonders viel arbeiten muß.

Bevor die Präservative in Gebrauch kamen, lief das anders. Vor zehn Jahren. Als die Liebe noch nicht so ein großes Problem war und ich's noch ohne Kondome machte. Dann passierte es, daß das Sperma des Freiers im Gedärm hängenblieb. Dann hat man sich nach der Arbeit gründlich gereinigt, aber so ganz klappte das nie, und was dann noch übrigblieb, kam erst nach ein paar Stunden raus. Wenn sich das ansammelte und gleichzeitig noch Wunden da waren, bekam man leicht 'ne Infektion. Damals benutzte man Penicillin. Das ließ man sich vom Arzt spritzen, von einer Freundin oder von einer erfahrenen Kollegin.

Manchmal, wenn man ganz unten angekommen ist – das ist irgendwie merkwürdig – dann fängt man plötzlich das Lachen an. Das ist mir mal passiert, bevor ich die Präservative benutzte, in Bahia. Ich hatte schon vier oder fünf Freier hinter mir, und eine Stunde lang hatte ich nichts zu tun gehabt, da kam ein ungefähr fünfzigjähriger José an. Ein rauhbeiniger Typ vom Land. Der war sofort auf mir drauf, und durch das ganz Auf und Ab gab's einen Sog, der den ganzen restlichen Krempel von den vorhergehenden Kunden mit aus dem After zog. Der arme Bauer fand plötzlich auf seinem nassen Glied lauter Samenflüssigkeit wieder, die nicht von ihm stammte. Er sah, wie das Zeug zähflüssig aus seinem Loch kroch und machte ein ziemlich beklopptes Gesicht, der wußte gar nicht, wie ihm geschah. Echt verwundert. Er stutzte einen Moment, und dann ließ er das Ergebnis seiner Überlegungen vom Stapel: Heilige Jungfrau, du kommst ja mit dem Hintern! Er war baff, völlig in Gedanken versunken. Um nichts in der Welt hätte ich ihn aufgeklärt und zur Vernunft gebracht. Ja, sagte ich lachend, das stimmt, ich komme mit dem Hintern!

Zweiunddreißig Freier. Am nächsten Tag gab's also erstmal Salben zur Erholung. Das Geld hatte ich schon gezählt. Eine Nacht in Madrid brachte so viel wie ein Monat in Brasilien. Phantastisch! Ich fragte Alcy, ob er mich zur Bank begleiten könnte, um für die Peseten Dollars zu kaufen. Das war mein erstes amerikanisches Geldhäufchen. Alcy scherzte: Wenn man dabei soviel verdienen kann, ziehe ich mir eine Perücke an und geh gleich mit zur Castellana. Oh Alcy, da würde dir aber schön der Hintern weh tun!

Auf dem Strich verwechselten mich viele Freier mit Perla, die ich doch so bewunderte. Daß sie auch hier war, machte mich ganz aufgeregt, und ich fing an herumzufragen. Ich erfuhr, daß sie auch in Madrid die Königin war. Die Perle aus Rio, sie war mein Modell, ein für allemal. Princesa und Perla, die Zwillingsschwestern. Zwei Meisterwerke von Severina, der Bombadeira. Ich ging von Bicha zu Bicha und hörte mich um. Ich, die Kopie, auf der Suche nach dem Original. Alle kannten sie und erkannten mich in ihr. Aber niemand wußte, wo sie war. Einige meinten, sie sei wahrscheinlich abgereist. Aber dann stellte sich heraus: Perla will nicht gesehen werden. Nur für dich macht sie eine Ausnahme. Schließlich hatte ich sie

119

vor mir, sie sah mich an, wir sahen uns an. Die Kopie und das Original. Sie lag auf einem Bett im Krankenhaus. Das Urteil, das man ihr verkündet hatte, lautete: Aids. In ihren Augen war ich, frisch wie ich war, nur noch eine Erinnerung an vergangene Zeiten. Sie selbst war wie eine vergilbte Fotografie aus alten Zeiten. Perla lag im Sterben. In meinen Augen spiegelte sich schon die ganze Grausamkeit meines eigenen Schicksals. Es war unerträglich. Nein, ich bin nicht ihre Kopie, und sie ist nicht das Original! Wenn man sie nur ansah, wenn man sie ansah, wie sie mich ansah, klebte sie mir diese Scheißzukunft schon an den Leib. Die Krankheit. Nicht mit mir, ihr Untergang ist nicht meiner. Ich werde mich diesem Schicksal entziehen, dieser Prophezeiung. Perla wartete das Ende nicht ab, sie konnte das nicht ertragen. Ein paar Tage später brachte sie sich mit einer Überdosis Heroin um.

Das war alles die Schuld von dieser Königstochter. Nachts fuhr sie in einer glänzenden Limousine über den Paseo de la Castellana, mit einem Haufen Glitzerkram und Festbeleuchtung rundherum. So sah sie sie alle, betörend und nackt. So jedenfalls kam es den Transen und den Huren vor. Es scheint aber – jedenfalls erzählt man es so –, daß die Tochter des Königs von Spanien den Anblick nicht besonders gemocht hat. Vielleicht wegen der vielen unmoralischen Arschbacken, die dort ausgestellt wurden. Vielleicht wegen dieser ganzen Immigration, von Brasilien mitten ins Zentrum des alten Imperiums. Sie nahm einen Stift und schrieb in der Zeitung: »Veados, Madrid soll sauber werden!« So kam es, erklärten mir dann meine Kolleginnen, daß eine Woche nach meiner Ankunft die Gendarmen mich am Arm packten. Freundlich, das muß man ihnen lassen, forderten sie mich auf, die Straße zu verlassen. Alles die Schuld von dieser Königstochter, sagte ich mir, daß ich meinen Kram schon wieder einpacken und nach Mailand abreisen mußte. Nach diesem Zeitungsartikel war die Altstadt für die brasilianischen Transen verboten. Man duldete uns nur noch auf den Autobahnen. Im Dunkeln, außerhalb der Stadt. Die reinste Misere und außerdem gefährlich. Viele Kunden kamen nicht mehr. Also entschloß ich mich umzuziehen.

Ich besprach alles mit einer Bicha aus dem Hotel, die mitkommen wollte. Sie kannte die Straßen und konnte ein paar Wörter Italienisch. Andere gaben mir die richtigen Adressen für Mailand.

Die erste Etappe ging von Madrid nach Barcelona, im Zug.

Die zweite von Barcelona nach Figueras, diesmal mit dem Taxi.

Hundert Kilometer vor Frankreich stellten wir uns an die Autobahn, um per Anhalter weiterzufahren. Ein Lastwagen war ideal. Zwei Franzosen nahmen uns mit und versprachen, uns heimlich über die Grenze zu bringen. Aber zuerst wollten sie mal bumsen. Kurz vor der Grenze warfen uns diese Schweine am Straßenrand raus. Ich witterte sofort Gefahr und gehorchte, brav wie ein Lämmchen. Die andere aber fing ein Riesengeschrei an, mit dem Erfolg, daß sie einen Faustschlag ins Gesicht kriegte und ihr Koffer auch noch abhanden kam.

Mit Hilfe eines spanischen Lkw-Fahrers gelangten wir durch den Zoll.

Mit zwei weiteren Autos kamen wir schließlich bis zur Autobahnauffahrt Marseille-Nizza. Wir waren total kaputt, dreckig und hungrig. Wir kriegten uns in die Haare, ich und diese dämliche Kuh. Vor lauter Wut, daß keiner anhielt, war plötzlich mein Koffer an allem schuld. Um sie zum Schweigen zu bringen, schüttete ich den ganzen Krempel am Straßenrand aus. Das änderte auch nichts an der Lage, die ganze Nacht kamen wir nicht weg. Schließlich kam die Polizei, und wir mußten uns verstecken. Ohne Visum wurde man sofort des Landes verwiesen. Am nächsten Morgen bauten wir uns wieder an der Straße auf. Aber zuerst gab's noch mal Streit. Und diesmal endgültig. Sie fuhr zurück, und ich fuhr weiter in die richtige Richtung: nach Italien, auf der Suche nach dem Glück.

Als ich in der Via Melchiorre Gioia, in der Nähe des Bahnhofs am Corso Garibaldi, ankam, wußte ich nicht mehr, ob ich männlich oder weiblich, Mann oder Frau war. Sie, die Mailänder der ersten Nacht, brachten mich total durcheinander. Und bestimmt nicht, weil sie mit den Augen den Himmel absuchten! Die sahen nicht mal den männlichsten aller Männer: den Zwitter, den bisexuellen Adam.

Nein, die dachten überhaupt nicht, die bezahlten und packten zu. Sie sahen nach unten, zwischen meine Beine. Mit ihren Händen, mit ihren merkwürdigen Begierden, brachten sie meine zerbrechliche und chirurgisch herbeigeführte Sicherheit wieder total durcheinander. Fernanda, hatte ich mir gedacht, diesen kleinen Defekt mußt du auch noch irgendwie eliminieren. Aber nein, für sie war dieser kleine Fehler ausschlaggebend. Grundlegend. Das merkte ich sofort, auf dem Parkplatz hinter der Kirmes. Fünfzehn waren es, fast alle wollten mal anfassen. Sie wollten ihn sehen, meinen Pimmel, aufrecht in ihren Händen spüren. Das erst verschaffte ihnen Lust, obwohl, das muß man sagen, viele von ihnen, wenn sie auf mir lagen, echte Männer waren, die zupacken konnten. Als der erste Freier die Initiative ergriff, dachte ich, das sei normal. Das kam in Brasilien auch vor, das war auch Teil des Marktes. Aber bei dem fünfzehnten dachte ich, ganz Mailand ist pervers. Ja, weil bis dahin war das immer so gewesen, wenn ein José ankam und mir einen anständigen Preis zahlte, dann dachte ich automatisch, daß er den weiblichen Teil an mir wollte. Aber mit den fünfzehn, und das war ja erst die erste Kostprobe, passierten alle möglichen Sachen. Die wollten mich als Mann und als Frau.

Achthundertzehntausend Lire, das war der Lohn für den ersten Abend. Damit konnte ich mir immerhin einen akzeptablen Ausweg aus dieser anfänglichen Verwirrung leisten. So was wie ein Ist-schon-okay, ein Kompromiß, wie ihn ja irgendwie alle bei der Arbeit eingehen müssen. Ich habe nie kapiert, ob die Mailänder eine Frau mit einem Penis kaufen oder einen Mann mit Brüsten. Das interessierte mich nicht, es war ja nur ein Job, das ging schon. Im Grunde rackerte ich mich hier auf dieser unsichtbaren Grenze ja für eine ganz weibliche Zukunft ab.

Ich ließ mich in der Pension Giava nieder, in der Via del Lazaretto. Da fand ich ein Stück von der Rua Indianópolis und der Rua Augusto Severo wieder. Da gab es Jessica, Lenir, Angelica, Taís, Cintia Close, Tamara und noch ein paar andere, an deren Namen ich mich aber nicht erinnere. Ich bekam ein Bett in dem Zimmer von Jessica. Lieber wäre ich ja allein gewesen, aber es war alles besetzt, und das war die einzige Möglichkeit. Sie war ziemlich vulgär, und mir, die ich ja tagsüber eine Signora war, war es unmöglich, mit ihr herumzulaufen. Das machte ich nicht in Rio und erst recht nicht in Mailand. Ich, mit Jessica in der Via Montenapoleone? Nein, das ging nicht. Mit ihr und mit diesem ganzen Hurenstall wollte ich tagsüber nichts zu tun haben. In der Pension Giava liefen wir alle ziemlich geräuschlos herum. Der Hausherr war mal ein Bulle gewesen, so erzählte man. Für mich, die ich ja nicht spritzte und nicht klaute, konnte das nur von Vorteil sein. Und so war's auch. Wenn die Polizei kam, dann nur wegen einer Paßkontrolle. Mit den Ausweisungsbescheiden, das erledigte er selbst, der Hausherr. Sobald er im Hotel jemanden erwischte, der mit Drogen handelte oder jemanden mit der Rasierklinge oder dem Messer bedrohte, rief er das Polizeipräsidium an. Das galt auch für die, die sich nicht nach seinen Vorschriften richteten. Die Pension verließ man tagsüber nicht im Hurendreß. In den Zimmern durften keine Freier empfangen werden. Das fand ich in Ordnung, und auch gegen den Besitzer hatte ich nichts einzuwenden.

Ein vierzigjähriger Freier hielt das Auto direkt vor meinen Beinen an und deutete irgendeinen bestimmten Wunsch an. Ich verstand ja kein Italienisch, und also antwortete ich mit meinen üblichen auswendig gelernten Sätzen: dreißig für den Mund, fünfzig für die Liebe, im Zimmer zweihundert. In dem Fall brachte ich sie ins Bari oder ins Serena. Aber dieser hier, der bestand auf irgendwelchen besonderen Sachen, die ich nicht verstand. Ich stieg trotzdem in den Wagen ein, und hinter dem Luna Park zog er dann ein paar Handschellen heraus. So wollte er mich also, ans Lenkrad festgebunden. Ich sagte nein, und er verdoppelte den Preis. Ich wehrte mich immer noch, aber er war allmählich auf hundertachtzig. Mein Widerstand machte ihn erst recht geil. Er sagte ein paar Wörter, und plötzlich kehrte er seine Autorität in Form einer Polizeimarke heraus. Mein Widerstand war gebrochen. Er hatte gewonnen. Ich war ans Lenkrad gefesselt, und so konnte er sich nehmen, was er wollte. Vielleicht war das immer meine Vorstellung von Kriminellen gewesen. Er bezahlte das Doppelte und brachte mich vorschriftsmäßig zurück. Er wurde ein Stammkunde.

Tagsüber ging ich nicht viel herum, nur ein bißchen einkaufen. Dann spazierte ich allein über den Corso Buenos Aires. Ich kaufte alles doppelt. Miniröcke aus Stretchstoff, schwarze Bodies für die Nacht, Jeans und lange Röcke für den Tag. Wenn ich in den Boutiquen etwas einkaufte, dann auch Sachen, die die Freier wollten. Für den einen, der nur mit mir ging, wenn ich ganz in Schwarz gekleidet war, und für einen anderen, der mich in einer langen, indischen Jacke wollte. Auch zum Essen ging ich aus. Spaghetti alla bolognese, Filet und Tortellini wurden sofort meine Lieblingsspeisen. Aber auch die thailändischen und chinesischen Restaurants, in die ich manchmal ging, gefielen mir. Hauptsache, ich war allein, weg von den anderen und weg von den Problemen. Ich war fast so was wie eine kleine Nonne. Aber wenn ich ehrlich sein soll, bestand der Tag meistens nur aus einem kleinen Spaziergang. Ich ging mir irgendwo in einer miesen Tavola Calda zwei Türen weiter ein Stück Pizza holen oder eine Pizzatasche. Ich war immer allein. Einkaufen ging ich vor allem, damit ein freundliches Wort des Verkäufers mir die Seele wärmte.

Einmal kamen sie mit einem Mercedes angefahren, das war das reinste Schiff. Er ganz elegant, ein Mann, der in Mailand was zählte. In dem Mailand, das es sich gutgehen ließ, das sich im Winter in Santo Domingo sonnt oder an den thailändischen Stränden. Sie war ganz hellblond, die Situation perfekt. Sie schlugen mir eine gemeinsame Nacht vor und kamen auch gleich auf den Punkt: eine Million fünfhunderttausend Lire. Wie gemeinsam? Zusammen eben, antworteten sie. Ich, du und meine Frau, bei mir zu Hause. Mit dir, das ist ja okay, sagte ich, aber mit der Frau mache ich's nicht! Er verlangte zuviel, er insistierte. Nein, die Frau fasse ich nicht an! Sie fuhren weg, aber nach zehn Minuten landeten sie schon wieder bei mir. Jetzt redete sie und machte mir einen Haufen Komplimente. Okay, nur du mit ihm, ich sehe zu und fasse dich nicht an. In dem Fall bekommst du natürlich nur siebenhunderttausend, der Mann streckte nun auch den Hals zum Fenster raus. Ich sagte dem Mann, nur, wenn er mir das garantieren kann. Klar, abgemacht, sie sieht zu, faßt dich aber nicht an. Ich ließ mich in den Wagen fallen, und wir hoben ab zu einem Milliardärshaus, das sich über drei Stockwerke zog. In so einer Wohnung war ich noch nie gewesen. Musik, Whisky, und ich war schließlich sternhagelvoll. Alles drehte sich mir im Kreis, mir war schwindelig. Ich kapierte schnell, daß sie eine miese Hexe war. Sie forderte mich heraus, sie provozierte mich, und ich ließ mich auf das Spiel ein. Er wollte mich nackt, ich fing also mit meinem Strip an, behielt dabei aber immer die Frau im Auge. Die sollte mir nur nicht zu nahe kommen. Ich war dabei, ihr den Mann wegzunehmen, das war der Gedanke, der mir im Kopf rumging. Ich war nackt, und ich war sein Stern, ein Komet. Er streichelte mir den Schwanz. Da fing ich an zu bocken: Sie soll weggehen, sagte ich ganz einfach. Nein, antwortete er mir, das haben wir anders vereinbart. Sie sieht zu, aber sie faßt dich nicht an. Ich lief auf Hochtouren. Solange sie dabei ist, tue ich's nicht. Sie machte mich wütend, sie war erregt, das sah ich doch! Schließlich kam sie zu uns ins Bett, als er schon auf Hochtouren lief. Ich sprang auf, wie von der Tarantel gestochen. Nein, du Miststück, mit dir will ich nicht! Wie eine Schlange kam sie rangekrochen, mit ihren Wörtern leckte sie mir in den Ohren rum. Sie war es eigentlich, die heiß auf mich war, mehr als er. Wenn du mich anfaßt, haue ich alles kurz und klein! Ich mag die Zärtlichkeiten von Frauen nicht! Es gab ein Riesengeschrei. Ich schlug um mich wie eine Wilde. Er hat 'nen ganz schönen Schrecken gekriegt und wollte sie zurückhalten, aber das war gar nicht so einfach, die wegzuschleppen und zur Vernunft zu bringen. Die Nacht war gelaufen, und ich war stinksauer. Ich zog mich wieder an, sie auch, und dann brachten sie mich zur Via Melchiorre Gioia zurück. Ich hab' 'ne Menge Zeit mit euch verloren, dafür müßt ihr mich bezahlen. Er fing an zu verhandeln: Du kriegst zweihundert. Nein, ich will die siebenhundert, die wir vereinbart haben! Sie war total aufgebracht, die Ärmste sah jetzt beinahe aus wie eine Nutte. Er wollte einfach nicht zur Brieftasche greifen, dieses Stinktier. Vor dem Finanzministerium hielt er den Wagen an. Sie stiegen aus und entfernten sich schnellen Schrittes. Vorher hatten sie aber die Alarmanlage angestellt, und die fing an zu dröhnen, als ob jemand den Wagen aufgebrochen hätte. Das sah schlecht aus für mich, in der Kaserne würden sie natürlich denken, ich sei die Diebin und nicht sie die Gangster. Ein als Nutte gekleideter Veado, die hätten mich sofort verhaftet. Ich haute ganz schnell ab, ohne einen Pfennig Geld in der Tasche.

Jessica hatte sich einen Freund zugelegt und tauschte deshalb das Zimmer gegen eine Wohnung. An ihrer Stelle kam Cassandra zu mir ins Zimmer. Das Miststück klaute mir sofort tausendachthundert Dollar und ein paar Schweizer Franken aus einem Fotoalbum, in dem ich sie versteckt hielt. Ich bin ganz sicher, daß sie das war. Der ehemalige Bulle und jetzige Hausbesitzer veranstaltete sofort eine Hausdurchsuchung, allerdings ohne Ergebnis. Sie war das gewesen, Cassandra, dieses falsche Flittchen. Von ihren Sachen war nämlich komischerweise nichts weggekommen. Das hatte sie ganz schön schlau angestellt. Sie hatte es verschwinden lassen, bevor wir zur Arbeit auf dem Monumentale gingen. Im Morgengrauen kamen wir zusammen zurück, und als ich die Sache entdeckte, tat sie ganz überrascht. Auch zwei Fotos waren verschwunden, wo ich wirklich schön drauf war, zwei ziemlich gewagte Positionen. Ich wühlte ihre Sachen durch, und zweimal war ich drauf und dran, mit dem Messer auf sie loszugehen. Ich schwör's, ich hätt's getan, aber der Besitzer hätte mich natürlich sofort einsperren lassen. Cassandra wurde meine Feindin. Alle gaben mir recht, sie war die Diebin. Wir stritten uns die ganze Zeit, aber das Zimmer wollte sie nicht verlassen, also ging ich in ein anderes Hotel.

Ich zog in die Pension Clara um, in der Via Pontaccio. Wenn ich heute an den Eingang zurückdenke, habe ich da keine Tür mehr vor Augen, die in ein Gebäude führt, sondern ein Maul mit fletschenden Zähnen. Ein Tier mit dem Fell eines Geiers und einem Bauch aus Stahl. Das ganze Gebäude war durch und durch korrupt. Das reinste Natternnest war das. Vierundzwanzig Leute waren da, die es alle kreuz und quer miteinander trieben. Ich fand das eklig, das sagte ich ja schon. Nicht, daß das in der Pension Giava nicht auch passiert wäre. Aber da war alles ordentlich, sauber. Der Aufpasser war ein Bulle. Wenn du wolltest, konntest du deinen Raum da vor unerwünschten Leuten schützen. Das war im Clara unmöglich. Da wurdest du unweigerlich in einen Riesenhandel reingerissen. Tür an Tür mit den anderen und mit den Kunden.

Als ich über die Schwelle trat, hatte ich schon neuntausend Dollar angehäuft, noch zehntausend, und ich würde mit meinem kleinen Schatz wieder nach Hause fahren. Ich fühlte mich gut damals, in Europa lachte mir die Sonne. Ich erinnere mich heute noch daran, wie es mir damals schien, als verfinsterte sich diese Sonne, kaum daß ich einen Fuß in dieses Hotel gesetzt hatte. Ich nahm ein Einzelzimmer im fünften Stock. Ich wollte wie üblich allein sein, aber im Clara klebte alles an dir fest, Körper und Stimmen, man blickte nicht durch. Wir stritten uns untereinander und mit den Kunden. Die aus Plastik und die ohne Silikon gingen permanent aufeinander los. Die machten nämlich die Preise auf dem Markt kaputt, damit sie überhaupt konkurrieren konnten. Alle brüsteten sich damit, einen kleinen Freund zu haben. Und jede hatte natürlich den Schönsten abgekriegt. Es wurde geklaut und mit Drogen gehandelt. Ein Chaos ohne Ende, Messer gingen auch jede Menge herum. Nach jeder Polizeikontrolle flogen ein paar von uns raus. Aber für zwanzig, die gingen, kamen damals vierzig neue. Die reinste Invasion aus Brasilien.

Die Händler machten mit uns gute Geschäfte. Auf dem Strich wurde nicht gedealt, weil man da leicht auf einen Bullen stoßen konnte, der als Freier da auftauchte. Das Zeug kam direkt ins Hotel. Ein argentinischer Transsexueller organisierte den ganzen Deal. Alle zogen sich das Zeug rein, ein paar spritzten auch. Im ganzen Hotel gab es überhaupt nur zwei, die nichts damit zu tun haben wollten. Und zu denen gehörte ich nach einer Woche schon nicht mehr.

Du stinkst aus dem Mund, Princesa. Das schlägt doch jeden Freier in die Flucht! Mailand ist nicht Rio, hier wird mit Koka und Heroin gearbeitet. Gianna klärte mich auf. Ich dagegen goß ständig eine Mischung aus Whisky und Campari in mich rein, das brauchte ich, wenn ich ein Jaguar sein wollte. Ich trank viel, das machte die Nacht leichter. Ich ging in mein Zimmer, mit einem Strich braunen Pulvers. Laß das mit dem Alkohol, hatte sie mir gesagt, nimm das, dann riecht der Freier den Gestank nicht. Ich schaffte den Strich nicht bis zu Ende. Das Feuer sprang mir aus den Augen, ich kotzte selbst die Luft, die ich eingeatmet hatte, wieder ins Klo. Die Hitze brachte meine Haut zum Glühen, die Kleider brannten mir auf der Haut. Aber ich erholte mich von dem Schlag, und eine Stunde später lief ich schon wieder nackt auf der Via Melchiorre Gioia herum. Nachts um zwei kam Gianna und wollte sehen, wie es mir geht. Wir zogen uns dann noch 'ne Linie rein, das kostete mich fünfzigtausend Lire. Um sechs Uhr morgens ging ich ins Hotel zurück, ich schlief wie ein Stein. Am nächsten Nachmittag weckten sie mich mit der nächsten Linie. Ich zahlte noch mal fünfzigtausend Lire und stürzte nach und nach immer mehr ab. Das Schlimmste kam im Winter. Bei der Kälte konnte man ohne Heroin nicht auf den Strich gehen. Der Pelz allein reichte nicht. Und außerdem, wenn man sich in Mailand nicht was besonders Perverses einfallen ließ, dann kam man gegen die Konkurrenz nicht an. Je mehr ich mir von dem Zeug reinzog, um so mehr zog ich mich aus. Vollgeputscht mit Heroin, verkaufte ich meinen Arsch und empfand nichts.

Ein fünfunddreißigjähriger Freier bot mir eine halbe Million für eine ganze Nacht. Er fragte mich auch, ob ich Kokain nahm. Ich war schon völlig daneben, ich zog mir einfach alles rein inzwischen, mir war alles recht. Er war ein schöner dunkler Typ. Mit dichtem schwarzem Schnäuzer und Bart. Sportlich, mit einem Körper wie ein Model. Wir fuhren in ein Hotel nach Varese. Ich mußte mich ausziehen, und dann sagte er mir, ich solle ihm den Slip rüberreichen. Er zog ihn sich an, über zwei männliche, behaarte Beine. Dann wollte er auch noch meine Strümpfe und die Schuhe mit den spitzen Absätzen. Er stellte sich vor den Spiegel und fing an zu posieren. Von vorne, von der Seite, von hinten. Er drehte sich vor und zurück. Ich konnte mir das Lachen nicht verkneifen, so grotesk war das, ehrlich zum Schießen. Ein bärtiger Mann, ein Typ mit Bart und Schnäuzer, der sich wie eine Nutte anzieht. Ich glaube, so habe ich mich noch nie amüsiert. Er war sympathisch, er nahm's nicht übel. Ich bog mich vor Lachen und sagte: Schön bist du, du bist eine Frau, und du hast einen Bart! Er war ganz gefangen von seinem Bild und hörte nicht mal zu. Ich saß auf dem Bett und betrachtete ihn, und dann lief mir ein schwarzer Schatten, ein finsterer Gedanke, übers Gesicht: ein Mann mit meinen Kleidern! Er hat sogar dieselbe Schuhgröße wie ich.

Sie waren zu tausend, vielleicht auch zweitausend. Ich kannte das inzwischen schon. Der Schwarm verdichtete sich in der Ferne zu einem grollenden Gewitter mit Blitz und Donner. In der letzten Zeit hatte es in der Via Melchiorre die reinste Invasion gegeben, und jetzt gingen die Bewohner der Straße, aber auch die aus der Via Pirelli, aus San Siro und vom Monumentale auf die Barrikaden: Wenn die Polizei sich nicht darum kümmert, dann nehmen wir das jetzt selbst in die Hand! Präservative und Spritzen in den Parks, in denen die Kinder spielen. Autoschlangen, Gehupe, Streitereien und Chaos bis morgens um fünf! Schluß jetzt, jetzt räumen wir auf! Die Zeitungen hatten alle vollgestanden mit Riesenschlagzeilen, auch im Fernsehen hatten sie die Proteste gezeigt. Aber es war das erste Mal, daß ich in Mailand so ein Unwetter von Stöcken und Regenschirmen sah. Ich hatte Angst, aber ich fühlte mich nicht verloren. Hier in Europa bringen sie dich nicht auf der Straße um. Aber an dem Abend, wenn es da Mann gegen Mann gegangen wäre, ich fürchte, da wäre es nicht bei Faustschlägen und Prügeleien geblieben. Die Veados sind nicht gerade zimperlich, wenn es ihnen an den Kragen geht. Sie kommen von weit her, aus einem Männerkörper und aus riesigen, hungerleidenden Städten. Viele von ihnen können mit Messern umgehen. Wenn man sich zu nahe gekommen wäre, hätte es ohne weiteres auf der Straße auch Tote geben können. Aber da kamen schon die Polizeisirenen heran. Zwischen den Polizisten und den Demonstranten flogen aufgebrachte Worte hin und her, man brachte seine Beschwerden vor und lieferte sich die reinsten Wortgefechte. Durch das allgemeine Geschrei verdampfte die Wut ein bißchen. Wir machten uns schleunigst aus dem Staub. Das einzige, was uns passieren konnte, war die Ausweisung.

In der Pension Clara waren in der Nacht viele ganz schön sauer. Sie sagten, sie hätten unter den Demonstranten auch Freier gesehen.

Ich beschloß, den Sturm erst einmal von mir abzuwenden, und stieg in einen Zug. Marly und Severina hatten mir geraten, nach Montecatini zu fahren. Ein hübscher Ort, gemütlich. Zwei Wochen lang wohnte ich im Hotel Buenos Aires. Tagsüber prostituierte ich mich entlang der Autobahn, nachts strich ich auf den Straßen von La Spezia herum. Auch in Viareggio und in Forte dei Marmi war der Markt gut für uns. Aber vor lauter Taxen, Hotels und Heroin gab ich jeden Tag mehr als eine halbe Million aus, da blieb nichts mehr in der Tasche.

Die Spiegel zersprangen krachend in tausend Stücke. Die Fensterscheiben rasselten auf die Via Pontaccio runter. So fing es an, morgens um neun schon. Vier Transen, die reinsten Bulldoggen im Minirock, blockierten den Ausgang. Wir anderen drinnen kämpften wie die Walküren, wie zwanzig wildgewordene Furien. Wir zogen uns das Zeug reihenweise rein und betranken uns, wir brachen einen Krieg gegen das ganze Universum und gegen das ungastliche Hotel vom Zaun. Wir zerschlugen alles, was uns in die Finger kam. Die Waschbecken rissen wir aus den Wänden. Die Wut setzte uns diabolische Fratzenmasken auf, wir waren in Rage. Niemand konnte uns mehr aufhalten. Wir stürmten aus den Zimmern, hinter uns her ein Meer aus Rauch und Flammen. Männergeschrei aus Frauenkörpern. Königinnen und Nutten. Goldene Ärsche, verdammte Schlangen. Ganz plötzlich. Ein Zweifel hatte genügt, und schon war alles ganz klar, der Verdacht schon Gewißheit, daß nur sie es gewesen sein konnte, Cassandra! Sie ist die Diebin! Eine Andeutung reichte, und schon wurde sie zur Gewißheit. Sie packten sie an den Haaren und rissen ihr die Kleider vom Leib. Sie schlugen ihr das Gesicht blutig und zertraten sie mit den Füßen. Es dauerte nicht lange. Und ich war mittendrin. Mitten drin in diesem Chaos, mit meinen langen Fingernägeln, die ich blindlings irgendwo reinhaute. Mit Cassandra

hatte ich kein Mitleid, sie war die Feindin. Ich war völlig
außer mir, vollgestopft mit Heroin. Ich ging in mein Zimmer, rettete, was zu retten war, und zündete den Rest an.
Ich versuchte, der Hölle zu entkommen, aber die vier an
der Tür blockierten den Ausgang. Da hatte ich mir ja was
Schönes ausgedacht! Schöne Scheiße. Sie wollten die Polizei zu Hilfe rufen, die Süßen fühlten sich als Opfer, da
war das nur gerecht! Ein Akt der Gerechtigkeit, ein Ra-
chezug gegen die Welt, weil man sie beklaut hatte: fünfzig
Millionen ungefähr, die man aus der Wertsachenkassette
hatte verschwinden lassen. Sechs davon gehörten mir. Ca-
rabinieri, Feuerwehrleute und Polizei bauten sich vor der
Pension Clara auf, sahen sich um und forderten Verstär-
kung an. Im Polizeipräsidium wollten sie unsere Aufent-
haltsgenehmigungen sehen, und da ging das Theater
schon wieder los. Der Diebstahl interessierte die überhaupt nicht. Sie überreichten uns die Ausweisungsbe-
scheide, und die Pension wurde für ein paar Wochen geschlossen.

Am Tag vorher war ich aus der Toscana zurückgekommen. Das habe ich noch gar nicht erzählt. In der Pension
bumste ich den Sohn des Besitzers gratis. Mario war sieb-
zehn. Ein Vögelchen, das aus dem Nest lugte und sich
auf den großen Flug vorbereitete. Der Kleine hatte eine
Flügelweite wie ein Vielfraß, er war ein ausgemachter
Schurke. Der Junge hatte mir den Kopf verdreht. Er war
so voller Lebensfreude, und ich fühlte mich geehrt, ihn im
Bett zu haben. Die anderen waren neidisch. Ich ließ ihm
drei Goldkettchen da, auf die er aufpassen sollte. Eins
legte ich ihm um den Hals, und er nahm das Geschenk an.
Ich wurde sofort eifersüchtig, ganz automatisch. Mit einem Klick um den Hals legte ich ihn an meine Kette, jede,

134

die sich ihm näherte, bekam's mit mir zu tun. Ich hatte sie alle im Verdacht, ich wollte nicht einmal, daß sie ihn ansehen. Aber der Kleine war ein Schurke, das wußte ich, ich hatte ihn ja schon fliegen sehen, und das tat er ganz wie ein Zuhälter. Er ging zu denen, die schnüffelten, er ließ sich ihren Arsch geben, und wenn sie sich weigerten, ging's mit der Bestechung los. Er knöpfte ihnen das Geld ab, er war süß, er war der Sohn des Besitzers. Deshalb rissen sich alle um ihn. An dem Abend fand ich ihn entspannt auf dem Sofa mit Girodana, einer Bicha, die wirklich super aussieht. Eine Silikonfrau, die gerade ganz frisch aus Brasilien gekommen war. Sie war weiblicher als ich, ich fing an zu flattern. Ich ging vor ihm her, als sei alles in bester Ordnung. Er stand auf und gab mir den Zimmerschlüssel. Ich zog seinen Kopf runter, um zu sehen, ob er noch mein Goldkettchen trug. Nein, sagte er, das habe ich wieder in den Safe getan. Ich stieg in den fünften Stock und holte ihn per Telefon von der Konkurrentin weg. Komm rauf, sagte ich, bring mir die drei Ketten! Er legte sie mir in die Hand, ich warf sie ins Klo und spülte sie runter. Als er das Gold in dem Wassergegurgel verschwinden sah, wurde er fast wahnsinnig. Er verpaßte mir einen Faustschlag ins Gesicht: Du Arschloch, verdammte Nutte! Selber 'n Hurensohn! Gib's doch zu, du wolltest sie dieser Nutte da unten schenken! Ich hatte den Verstand verloren. Er stand an der Tür, und ich quetschte ihm die Finger in der Tür ein. Ich brach ihm den Knochen vom kleinen Finger. Er schrie vor Schmerzen, und ich – ich Schwachkopf – drohte damit, aus dem Fenster zu springen, nur um ihn an der Leine zu halten. Am nächsten Tag machte ich dann bei der Verwüstung der Pension mit.

Der erste Ausweisungsbescheid war noch nichts Besonderes. Ich ging in Mailand auf den Strich, aber ich dachte schon an Rom. Genau der richtige Ort, um ein paar Wochen zu verschwinden, auf die Autobahn wollte ich nicht zurück. Ich fragte Jessica, ob ich in ihrer Wohnung bleiben könnte. Sie hatte einen festen Freund und eine Wohnung. Für das Zimmer wollte sie 'ne Menge Geld haben, viel zuviel eigentlich. Dafür konnte man über sie leicht an Heroin kommen, es wurde ihr direkt ins Haus geliefert.

Ein Freier machte mich am Monumentale an. Einer wie alle anderen auch, nichts Besonderes. Er rief mich mit Namen an: Prinzessin, dich habe ich gesucht! Ich stieg ins Auto und kapierte sofort, daß das ein armes Schwein war, einer ohne Geld. Das war keine hellseherische Intuition, er fing gleich an, über den Preis zu verhandeln. Er kannte die Preise: dreißig mit dem Mund, fünfzig für den Hintern. Das wußte er, aber er hatte nur vierzigtausend in der Tasche. Ich blieb hart. Kommt nicht in Frage, da mußt du dir schon eine andere suchen. Okay, sagte er traurig, dann also mit dem Mund, fünfzig kriege ich nicht zusammen. Ich fing sofort an, um ihn möglichst schnell wieder loszuwerden, aber er kam nicht. Eine Minute war schon um, im Schneckentempo krochen auch die nächsten fünf dahin, und immer noch nichts. Mir tat schon die Kinnlade weh. Ich versuchte alles mögliche. Ab und zu guckte ich mal verzweifelt auf, da tat sich nichts, ich mußte eine Pause einlegen. Ich sagte ihm, er solle sich gefälligst beeilen, ich könnte schließlich nicht die ganze Nacht für dreißigtausend malochen. Ich ging wieder runter mit dem Kopf und versuchte es mit tausend Tricks, die man in dem Gewerbe so drauf hat. Nichts zu machen, sein Pimmel war aus Gummi, der wurde einfach nicht steif. Wenn ich ihn nicht aus dem Mund gezogen hätte, hätte ich ihn wahrscheinlich zerbissen. Einfach abgebissen, um meine Kinnlade zufriedenzustellen, die hatte nämlich die allergrößte Lust, einfach zuzuschnappen. Ich gab mich geschlagen, okay, sagte ich, ich ergebe mich, gib mir noch zehntausend und nimm dir das Hinterteil. Das dauerte dann noch mal 'ne ganze Weile, er schob und wand sich, bis er endlich kam. Das war Domenico, später wird er mein Geliebter. Der Verlobte.

Ich hatte es versprochen, und ich hielt mein Versprechen. Ich stieg in eine Maschine nach Brasilien. Bevor ich nach Hause fuhr, machte ich in São Paulo halt, um mich ein bißchen von dem Heroin zu erholen. Ich nahm nichts mehr, ich versuchte es jedenfalls. Ich wollte mich mit strahlendem Gesicht zu Hause präsentieren, ohne den blassen Schatten von Mailand auf der Haut.

Alle warteten auf Fernando, auf den, der weggegangen war. Aber ich schämte mich nicht mehr dafür, daß es nun Fernanda war, die da nach Hause zurückkehrte. Ich würde das schon hinkriegen mit Cícera, Alvaro und Adelaide. Ich kehrte zu meiner Mutter zurück, aber es war keine Rückkehr in die Heimat. Wie der kleine Fluß, der durch mein Land fließt, hatte ich Namen und Körper gewechselt, war ich in einer großen Welle immer weiter stromabwärts gestrudelt, bis hin zum Meer, bis dahin, wo du entweder Mann oder Frau bist, wo alles eindeutig ist. Und ich war endlich Fernanda, kein Gay, kein Homosexueller. Warum wollte meine Mutter einen Soldaten aus mir machen? Cícera brachte die Samenkörner durcheinander, und ich konnte sie nicht trennen. Ich saß in der Falle, und es gelang mir nicht, mich da herauszuwinden.

Hätte es nicht gleich zu Anfang diesen Scherz der Natur gegeben, die mich in einen Körper gepackt hatte, der nicht zu mir gehörte, ich hätte gut mit ihr gelebt. Da bin ich ganz sicher, im Haus hatte ihr das gut gefallen, Fernandinha.

Du willst mein Sohn sein? Aber ich habe dich doch als Jungen zur Welt gebracht! Sie weinte, sie fühlte sich schuldig. Sie schimpfte auf Gott und auf den Teufel, ein Unschuldiger war da in eine schreckliche Sache verwickelt worden. Fernandinho, ihr Sohn. Sie bat mich um Verzeihung. Sie war alt geworden, vor lauter Verwirrung schluchzte sie ununterbrochen. Dann aber wurde ihr Gesicht trocken und hart. Diesen Gesichtsausdruck kannte ich sehr gut an ihr: Du lebst, und das ist das Wichtigste. Ja, ich lebte, auch wenn ich ein Röckchen trug. Immer noch besser als ein Bandit oder ein Krimineller. Die Tür des Paradieses würde nicht vor meiner Nase zuschlagen. Sie fragte mich, ob ich heiraten würde, ob ich irgendwann ein Kind würde haben können.

Adelaide lachte sich kaputt. Es war ein helles Lachen, das die Tränen der Mutter verdampfen ließ. Sie steckte alle an mit ihrem Lachen, bis sich schließlich alle über das Wiedersehen freuten. Sie nahm mich an der Hand, und wir schlossen uns in einem Zimmer ein: Fernando, Fernandinha, zeig mal, siehst du zwischen den Beinen auch so aus wie ich? Nein, das zeige ich dir nicht, ich schäme mich! Sie lachte, die kleine Schwester, und zog mir den Rock hoch. Es blieb mir nichts anderes übrig, als mitzuspielen. Ich zeigte ihr die Brust. Dann den Hintern, der war einfach perfekt. Es war wunderbar, wie ihre Augen lachten. Sie wollte alles über meine Liebesgeschichten hören. Ich sagte ihr, ich sei verlobt. Wir sprachen über Schminke und über alle meine Klamotten. Es war herrlich, wie ich herausgeputzt war, wie eine Dame. Ich hatte Pakete und Päckchen mitgebracht, lauter Geschenke aus Mailand, Parfüms, Blusen und Kleider.

Edvania und Rosi sah ich zum ersten Mal. Meine Nichten, acht und neun Jahre alt. Sie spielten, liefen herum und machten das Durcheinander noch größer. Oma! Ist Tante Fernanda der Onkel, der kommen sollte? Cícera wußte nicht mehr, woran sie war. Ja, Fernando ist eure Tante. Irgendwas ging hier nicht mit rechten Dingen zu.

Alvaro, der mir auch immer Sorgen gemacht hatte, war eine erfreuliche Überraschung. Vor dieser vielversprechenden brünetten Lady war er freundlich und tolerant. Es schien ihn sogar zu amüsieren. Bei meiner Abreise wollte er mich unbedingt überreden, noch zu bleiben.

Ich war einfach traumhaft, alle wollten mich umarmen. Für Sítio war meine Metamorphose ein Riesenerlebnis.

Aldir, meine erste Eifersucht, das erste Gefühl. Er kam eines Tages mit seiner Frau zu Besuch. Er war jetzt schon ein alter Mann. Unentschlossen tat er einen Schritt vor, dann umarmte er mich. Ich war parfümiert, gut gekleidet, sah aus wie eine Fernsehdiva. Er drückte mich fest an sich. Von unserem Geheimnis hatte nie jemand etwas erfahren. Wir sprachen viel, über mich, über ihn, über seinen kleinen Sohn. Seine Frau fühlte sich ausgeschlossen. Sie verstand nicht, und wir kümmerten uns gar nicht um sie. Nur Cícera bemerkte ihre Eifersucht. Sie nahm sie an die Seite und sagte ihr, sie solle sich keine Sorgen machen. Aldirs Zuneigung für mich war keine Sünde. Das war doch Fernandinho, der kleine Cousin, der da ihren Mann streichelte. Sie war ja so naiv, die kleine Bäuerin! Der Kopf rauchte der Ärmsten ganz schön. Wenn diese Frau ein Mann ist, dann muß ich ja nicht eifersüchtig sein. Die Ärmste, am nächsten Tag kam sie und wollte sich bei mir entschuldigen.

Maria Aparecida war wunderbar: Na, Fernandinho, wo ist denn dein Traumprinz? In Italien, Aparecida. Wir standen uns nah wie immer, sie fragte mich, ob ich Menstruationen hätte. Ich wurde rot und redete ein bißchen drumherum.

Genir, der erstaunte mich. Er kam mit Bart, Schnäuzer, zwei Kindern und einer zweiten Frau an. Der kleine Stier war groß geworden. Wir fragten uns, was passiert war. Dann kam auch Ivanildo, und es wurde weiter gefeiert. Wir drei, die Spiele im Wald.

In Campina Grande eröffnete ich ein Bankkonto, ungefähr zehn Millionen Lire. Einen Großteil meines Schatzes hatte mein verdammtes Laster verschlungen. Als ich wieder in der Maschine nach Lissabon saß, schwor ich hoch und heilig, daß ich nie wieder mit dem Zeug anfangen würde. Nur noch drei Monate intensiver Arbeit, und dann würde ich für immer zurückkehren.

Die erste Nacht am Monumentale ging's noch ohne Heroin. In der zweiten fing ich wieder an, schlimmer als zuvor.

Domenico wurde ein Stammkunde. Geld fürs Hotel hatte er nicht, also blieb uns nur das Auto. Er war langsam, unendlich langsam. Rabatt kriegte er von mir nicht, und irgendwann wurde er mein Mann. Mein Traumprinz installierte Antidiebstahlanlagen, ein stinknormaler Arbeiter. Ich schlug ihm vor, die Hochzeitsreise nach Brasilien zu machen. Ich bat ihn, mir eine Wohnung zu mieten, und das tat er. In der Via Leoncavallo, in einem hübschen Gebäude. Um die drei Millionen für die Mietvorauszahlung zusammenzukriegen, fuhr ich in die Hauptstadt. Mailand war verseucht, von der Konkurrenz überschwemmt. Rom dagegen hatte einen guten Ruf.

Ich fing an in der Via Padre Semeria, in der Nähe des römischen Messegeländes. Ein spärlich beleuchtetes Theater. Ein brillanter Anfang. Ein vornehmer, graumelierter Herr bezahlte den dreifachen Preis, um Whisky aus meinem Schuh zu trinken. Er wurde ein Stammkunde. Ganz zart zog er mir einmal die Woche den Kelch vom Fuß. Voll mit Likör führte er ihn dann mit religiöser Feierlichkeit an den Mund. Im Schuh lag sein Delirium. Er lief mit den Lippen den Rand ab, streichelte ihn mit den Wangen. Er hielt ihn in den Händen und küßte ihm mit hingebungsvollster Zärtlichkeit die Spitze.

Dann wechselte ich ins mondäne Viertel Eur, unter dem Pilz war mein Revier, das war meine Lieblingsgegend. Breite Straßen und soviel Grün ringsherum und nicht soviel Konkurrenz. Der Strich war hier nicht so diabolisch. Man brauchte nicht unbedingt nackte Ärsche rauszustrecken, Strips und den ganzen Kram zu inszenieren. Der römische Freier war ziemlich seriös, manchmal ging ich auch mit einem langen Rock auf den Strich, sobald sich eine Gelegenheit bot, konnte ich ja immer noch seine Begierde anstacheln. Auch die Uferstraße am Tiber entlang war nicht schlecht. Das Flaminio-Viertel habe ich gar nicht erst ausprobiert. Da war eine riesige Hurerei im Gange. Das Pflaster war mir zu heiß, das übliche Spielchen halt mit Scheinwerfern, Streitereien, Gehupe und Protesten von Anwohnern. Ein brüllender Zirkus, da buchteten die Bullen einen sofort ein.

Der eine war fett, der andere mager: Signorina, Ihren Paß bitte. Ich war mit Daniela in der Via Palestro unterwegs. Sie war gerade weggegangen, um den Dealer zu treffen. Heroin, auch in Rom, da war nichts zu machen. Ich wartete also auf sie und starrte auf ein paar Plüschpüppchen, die mich neugierig hinter einem Schaufenster anguckten. Der Paß ist in der Pension Primavera in der Via Principe Amedeo, antwortete ich den Bullen aufgeregt. Das Herz schlug mir auf Hochtouren, als ich da in Begleitung der beiden Beamten ankam. Die Alte mit den Monsteraugen stand im Eingang. Wenn der Besitzer nicht da war, regierte sie in der Pension. Ich überreichte ihnen meinen Paß, und sie redeten dann ohne mich weiter. Die beiden, die Alte, und dann kam auch noch der Chef. Ich ahnte schon, wie das laufen würde, ich nahm also meinen Zimmerschlüssel und schloß mich ein. Per Telefon rief ich die Alte an: Ich bitte dich, laß die nicht rein. Unmöglich, die sind von der Polizei! Sie klopften, und ich machte die Tür auf. Schon waren sie drinnen, der Fette und der Dünne. Der erste sprang sofort auf mich drauf. Der zweite, dieser Heuchler, sagte, er solle mich in Ruhe lassen. Der Dicke fickte mich, der andere sah zu.

Ich hatte mich unter dem Bett versteckt. Domenico betrügt mich, dachte ich, während ich darauf wartete, daß er nach Hause käme. Es war der pure Wahn, schon wieder hatte mich dieses schreckliche Gefühl im Griff. Er ist jetzt tagelang allein, sicher treibt er's mit den anderen, gegen Bezahlung versteht sich. Oder er nimmt die Frauen mit in die Wohnung, mein kleiner Mann. Ich war einen Tag früher als verabredet nach Linate gefahren, ich wollte ihn überraschen. Ich wußte, daß er an dem Abend in der Via Leoncavallo vorbeischauen würde, bevor er zu seiner Mama zum Schlafen ging. Ich hörte, wie er mit dem Schlüssel in der Haustür herumhantierte, aber ich lief ihm nicht entgegen, um ihn in die Arme zu nehmen. Ich kroch unter das Bett, er sollte mich nicht finden. Es war alles in Ordnung, er hatte keine Transen oder Frauen bei sich. Er erledigte, was er zu erledigen hatte, löschte das Licht und machte die Tür hinter sich zu. Ich blieb drinnen und zog mir eine Linie rein, um schlafen zu können. Am Morgen dann gleich noch eine, um mich für ein Weekend als Signora vorzubereiten. Ein Wochenende am Wasserflughafen, das Abendessen bereitete ich zu Hause vor.

Monsteraugen hatte mir den Krieg erklärt. Die sind krank, deshalb lassen die sich mit dir ein, du ekliges Biest! Das ist meine Angelegenheit, blöde Kuh, ich möchte mal sehen, was du für Augen machst, wenn du rauskriegst, daß dein Sohn es mit den Transsexuellen treibt! Dann spucke ich ihm ins Gesicht, Sauereien, den schmeiße ich achtkantig raus! Du bist doch nur neidisch, weil für dich nur die alten Krüppel übrigbleiben, zu mir kommen die Jungen. Monsterauge war etwa fünfzig. Sie haßte uns allesamt, vor allem mich konnte sie nicht ausstehen. Sie klaute mir mein Parfüm, diese fette Sau. Unter dem Vorwand, daß sie ja schließlich putzen müßte, verschwanden die Fläschchen, eins nach dem anderen. Einmal bin ich mit einem Freier raufgegangen in mein Zimmer, er wollte die ganze Nacht bleiben. In dem Fall muß man für das Zimmer immer das Doppelte zahlen, d. h. der Kunde muß die Rechnung begleichen. Und das tat meiner auch anstandslos. Aber diese Hyäne kam zu mir und wollte noch mal die eine Hälfte kassieren. Da hatte sie aber die Rechnung ohne den Wirt gemacht. Ich war stinksauer. Der Krieg hatte angefangen. Wegen der Geschichte mit den beiden Bullen, wegen der Klauereien, wegen ihrer ach so zufriedenen Visage. Eine schleimige Kröte mit Bart.

Und noch eine Nase voll Heroin. Nachts um drei, der letzte Kunde. Einer von denen, die so aussehen, als hätten sie es geschafft. Bodybuilding, lockere Krawatte und ein paar Löckchen. Ein Anzug wie eine Uniform. Sie sind alle gleich, du siehst sie in Prati morgens um neun Uhr drei-ßig. Sie sind alle irgendwie unecht, superkorrekt. Für mich war's die letzte Einnahme in der Nacht. In einem schönen Auto nahm er mich von hinten. Dabei fummelte er mit der Hand vorne an mir herum. Scheiße, du bist ja ein Mann! Er wurde nervös, und ich kriegte Angst. Er fing an, mich auf den Rücken zu schlagen. Tu mir nicht weh, ich gebe dir das Geld zurück! Ich riß ihn von mir runter, er hielt mich fest. Er drückte, dieser Heuchler. Und ob er das gewußt hatte! Um die Zeit morgens gab's doch nur noch Veados. Das wußte doch jeder. Er log. Er log sich selbst an, dieser verkappte Schwule. Er ließ nicht locker, er bumste mich und drückte mir gleichzeitig den Schwanz mit der Hand, schöne Scheiße. Jetzt bin ich schon mal da und jetzt mache ich's auch, so einfach war das mit der Rechtfertigung. Er zahlte fünfzig und haute schleunigst ab, seine Begierde verfolgte ihn.

Michelle war immer auf dem Lungotevere unterwegs gewesen, jetzt war sie tot. Am Ende war sie nur noch Haut und Knochen gewesen, ohne Fleisch. Aber auch da ging eine Scheißwelt immer noch zu ihr hin und wollte bedient werden. Sie bezahlten, um an dem Friedhof herumzugrapschen. Im Flaminio war sie noch kurze Zeit zuvor ein Stern gewesen. Blond, deutscher Herkunft. Ein Engel, der, aus Brasilien kommend, in Rom gelandet war. Am Lungotevere hatten wir uns einmal fünf Minuten unterhalten. Damals war Aids schon ausgebrochen, alle Anzeichen waren schon vorhanden. Ich hab's mit eigenen Augen gesehen, ein Auto hielt an, und sie stieg ein. Wie kannst du nur, Michelle? Hör auf, sonst machst du dich kaputt! Sie sehen den Tod herankommen, aber das kümmert sie einen Scheißdreck. Sie bezahlen dafür, daß so ein Skelett ihnen einen Orgasmus verpaßt. Ich weiß nicht, was die im Kopf beißt. Die wollen kein Kondom, sie bezahlen doppelt so viel, wenn du sie zufriedenstellst. Aber Michelle war ja schon ein Kadaver, das sah man doch. Mein Gott, nicht mal in Brasilien hätte man sie noch haben wollen. Ich habe sie gesehen, ich sehe sie heute noch vor mir. Wie sie am Lungotevere scherzten, den Preis aushandelten, den Preis für den Tod aushandelten, für den Tod, den sie in ihren Herzen tragen. Michelle dagegen lebte. Mit letzter Kraft kämpfte sie um ihre drei Gramm Heroin. Die dekadenten Perversitäten all dieser Scheißtypen kümmerten sie nicht. Sie wehrte sich und hatte sich doch schon in ihren Untergang ergeben. Sie lebte auf schreckliche Weise, aber sie lebte. Sie starb qualvoll an einer Lungenentzündung. So ging's zu Ende, mit Aids und Heroin.

Calú spritzte unheimlich viel, die Venen in der Leiste waren schon ganz kaputt. Einmal spritzte sie sich eine Dosis pur und starb sofort. An dem Abend waren zwei gottverdammte Typen bei ihr. Die beiden Ungeheuer sahen, wie sie starb, aber sie rührten keinen Finger. Die Hyänen zogen ihr sogar noch die Uhr vom Arm. Sie kramten in ihren Klamotten herum, in den Schubladen. Diese Geldraffer klauten ihr auch noch zehntausend Dollar. An den Füßen zogen sie sie aus der Wohnung raus. Dann ließen sie sie einfach auf der Treppe liegen, damit sie keine Scherereien mit der Polizei kriegten. Die Lebenden brauchen das Geld, die Toten können ja nichts mehr damit anfangen! Die beiden elenden Geier kamen sogar aus demselben Ort wie sie. Sie kümmerten sich nicht mal um ein Begräbnis oder um die Verschickung der Leiche. Sie warfen sie auf der Treppe weg. Deshalb auch schäme ich mich manchmal für Leute wie mich. Unter Transsexuellen gibt es immer nur Neid und Eifersucht, Bosheit, Raub und Gemeinheiten. So einfach ist das, und wer etwas anderes behauptet, der erfindet einfach nur Märchengeschichten, die man für den Salon aufgeputzt hat.

Und noch eine Prise, die Nacht glitt mir aus den Händen. Ich war im Eur unterwegs, auf der Colombo, und ich hatte gar nicht mitgekriegt, daß es inzwischen Tag geworden war. Plötzlich fand ich mich als Nutte unter lauter normalen Leuten wieder, das Sonnenlicht gab die Zerstörung preis, enthüllte den zertrümmerten Körper, über den so viele Körper hinweggegangen waren. Der halbe Pelz aus falschem Leopardenfell, den ich im Upim an der Piazza Esquilino gekauft hatte, machte den letzten Zweifel über meine Identität zunichte, wie ein Scheinwerfer, den man auf den Hauptdarsteller gerichtet hat: ein Clown, ein Gestank nach Pisse zum Frühstück.

Es war sieben Uhr morgens, ich fand mich unter lauter Arbeitsanzügen wieder, unter Studenten und Putzfrauen, die in die Villen gingen, um zu putzen. Alle gingen zur Arbeit, in aller Würde. Kein Taxi weit und breit. Ich schämte mich zu Tode. Ich, die ich tagsüber eine Dame war, unterschied mich plötzlich kein bißchen mehr von den anderen Nutten, von denen, die nach einer langen Nacht noch in der Bahnhofsgegend weitermachen. Auseinandergefallen und mit zerflossener Schminke, die ihnen im Gesicht runterläuft. Sie kommen und gehen in die Pensionen, sie finden keine Ruhe, sie handeln an allen Straßenecken, und der Bart fängt schon an zu sprießen. Sie suchen Kokain oder Heroin, alles wird plötzlich eklig, immer sind sie unordentlich und schlampig. Deshalb verließ ich die Pension kaum, kehrte von der Arbeit immer zurück, solange es noch dunkel war. In dieser Nacht aber hatte ich den Faden verloren. Im Autobus starrten mich alle an, ich hatte das Gefühl, meine Mutter sähe mich an. Als ich endlich in meinem Zimmer ankam, machte ich das Licht an, ich beleuchtete meine Misere. Ich rief Domenico an und sagte ihm, daß es mir schlecht geht. Komm du nach Rom, ich schaffe es nicht, nach Mailand zu fahren. Noch eine Ladung Heroin betäubte mein Gehirn vollends, und dann schlief ich ein.

Domenico wollte keine Verantwortung übernehmen. Er stellte mich seinen Geschwistern und seinen Eltern nicht vor. Die ist ja verrückt geworden, das ist ja wohl ein bißchen viel verlangt, mögen all die Wohlanständigen denken. Aber ich denke, ein Mann muß zu seinen Taten stehen. Vor Gott und der ganzen Gesellschaft. Domenico dagegen hatte Angst vor seiner Familie. Er war zerbrechlich, das sah ich wohl. Ich zahlte ihm das Flugticket nach

147

Rom. Ich freute mich auf ihn. Zuerst zog ich mir aber noch eine Prise Heroin rein. Dann kam der Verlobte, mein kleiner Ehemann. Im Kaufhaus Coin kleidete ich ihn neu ein, in der Via Merulana kaufte ich ihm neue Schuhe. Vollbepackt mit Tüten und Tütchen spielte ich an diesem Samstag meine Rolle, mit einem schönen Mann an meiner Seite. Alles war so schön normal, das war ja meine fixe Idee, diese wunderschöne Normalität. Als wir in meinem Zimmer ankamen, ging ich erst mal ins Bad, um heimlich etwas Stoff nachzuschieben. Komm mit mir, laß uns nach Brasilien fahren, ich halt's hier nicht mehr aus. Du weißt doch, ich kann nicht, meiner Mutter geht's nicht gut. Ich hängte mich an ihn, um mich aus dem ganzen Mist herauszuziehen, aber die Stütze hielt nicht. Sie gab nach, und die Schlammwelle riß mich mit sich fort. Er fuhr nach Mailand zurück, und ich fing am Montag wieder an.

Monsteraugen griff mich an, überallhin verfolgte sie mich mit ihrem kalten Haß. Dann kamen sie wieder, der Dicke und der Dünne: Wo ist die Dunkle vom letzten Mal? Sie ist auf ihrem Zimmer, immer noch in der neunzehn, diese Kröte, sie machte gemeinsame Sache mit ihnen. Ich haßte sie, wir alle haßten sie. Sie war eine Spionin. Durch das Guckloch sah ich sie ankommen und flüchtete mich in Danielas Zimmer. Sie klopften an, wie Bullen eben anklopfen. Aber es machte niemand auf, und sie zogen enttäuscht wieder ab.

Dann erwischten sie mich mit 'nem nackten Arsch, und ich kriegte den vierten Ausweisungsbescheid. Noch einen und man würde mich verhaften oder des Landes verweisen. Der Anwalt erklärte mir die Prozedur, ich zahlte einen

Haufen Geld, aber immerhin brachte er alles in Ordnung. Ich verließ Italien mit einer Maschine nach Lissabon, für drei Tage nur. Dann kam ich über die Schweiz wieder rein, natürlich immer noch heimlich. Diese kurze Abwesenheit brachte meine Position wieder in Ordnung. Ich brauchte Geld, und noch am selben Abend, als ich über den Flughafen Linate wieder in Fiumicino landete, stieg ich schon wieder auf das Drehkarussell. Ich fing wieder an auf dem Strich zwischen Caracalla, dem Eur und dem Lungotevere. Ich zog mir Coca und Heroin rein, damit ich überhaupt arbeiten konnte, und ich ging auf den Strich, um mir das Zeug überhaupt beschaffen zu können. Von dem Schatz, den ich angehäuft hatte, blieb fast nichts übrig. Ich gab alles zwischen Rom und Mailand aus, für Drogen, Reisen und das ganze Zeug. Im Safe in der Pension Primavera blieben nur noch viertausend Dollar. Wahrlich ein jämmerlicher Rest, der Traum war ausgeträumt.

Ich pinsele mir Farbstriche auf die Augen, schmiere mir Lippenstift auf den Mund. Das hat nichts mehr mit dem schönen Ritual von vorher zu tun, ich parfümiere den Körper, ich trage ihn auf den Markt. Ausverkauf. Ich spucke Sperma, ich balsamiere mir den Hintern. Ich ziehe mir Heroin rein, ich habe keine Zukunft mehr. In Europa ist es Nacht geworden, ich tappe im Dunkeln. Ich weiß nicht mehr, was ich will, warum ich das alles mache. Es wird nicht mehr Tag, ich weiß nicht mehr, wer ich bin. Perla, mein Gott, was für ein Schicksal, ich werde es einfach nicht mehr los. Ich höre ihre Stimmen. Cícera, ich will schlafen, in deinen Armen zur Ruhe kommen. Ich lasse alles stehen und liegen, ich fahre nach Hause. Was hupt der so blöd, dieses Arschloch! Ja, ja, ich bin eine Prostituierte. Fünfzigtausend für den Arsch, dreißigtausend für den Mund, nun mach schon die Scheinwerfer aus! Mein Gott, nein, das ist die Hölle, das ist teuflisch. Das ist kein normaler Schwanz, den der da zwischen den Beinen hat, bei Gott nicht! Er redet und redet ununterbrochen, er will mir von seinem Unglück erzählen. Die Frauen haben ihn alle verlassen. Und was habe ich damit zu tun? Jeder hat seine eigene Hölle. Unsere liegt zwischen den Beinen. Nein, ich mach's nicht mit dir, du bist krank, geh' zu 'ner Nutte. Aber er redet immer weiter. Ich bin im Dunkeln, ich ziehe mir eine Nase voll rein, ich steige nicht aus. Ich höre ihn, aber ich höre ihm nicht zu. In meinem Kopf heult der Wind. Ein armes Schwein, ein Krüppel. Mein Gott, was mache ich? Ich schmiere mir noch mal den Hintern ein, den kann kein Kondom halten. Warum haue ich nicht ab? Vorsichtig, sei doch vorsichtig, du Tier! Hör auf, du Arschloch, ich kann's nicht. Ich blute, das Blut wärmt mich zwischen den Schenkeln. Hau ab, du Tier, laß mich in Ruhe. Er hält den Kopf in den Händen, ich schimpfe auf ihn ein. Er ist doch nur ein armes Schwein, aber ich kann's nicht. Verpißt euch doch endlich allesamt, ich will nur noch schlafen.

Es ging mir schlecht, das Blut klebte zwischen den Beinen. Noch 'ne Prise, ich wollte aufhören, ich wollte nur noch in meinem Bett liegen und die Augen schließen. Sie dann wieder öffnen und lauter vertraute Wände und Gesichter sehen. Morgen fahre ich nach Brasilien, ich haue einfach ab. Aber da stand Monsteraugen schon auf der Schwelle und wartete auf mich. Gib mir mein Geld, Alte, ich haue morgen ab. Was für Geld, Prinzessin? Dein Safe ist leer. Sie lachte, das widerliche Schwein. Diese verdammte Kröte. Rück das Geld raus, das ich hier deponiert habe, sonst bringe ich dich um! Ruf doch die Polizei, wenn du dich traust! Zwei Freundinnen zogen mich weg, sie schlossen mich in meinem Zimmer ein. Ich rührte mich nicht, das Universum brach über mir zusammen. Tausend Hände zerfetzten mich. Ich bringe sie um, diese Kröte! Ich machte die Tür auf. Sie war in der Küche beschäftigt. Um mich herum nur das Grauen, ich sah nichts mehr. Sie stieß einen Schrei aus, mein Kopf setzte aus. Von hinten stach ich auf sie ein, und es war, als wollte ich die ganze Welt erstechen. Mit unmenschlicher Kraft krallte sie sich an meinen Arm. Das Monster kotzte immer noch auf mich ein: Verdammter Schwuler, ich bringe dich hinter Schloß und Riegel! Ich geißelte sie ein zweites und ein drittes Mal. Ich bin verdammt. Auf dem Boden röchelte die Alte, sie blutete, sie war auch nur ein armes Schwein. Außer mir lief ich durch die Via Manin in Richtung Esquilinkirche. Sie verfolgten mich, die Beschimpfungen bissen mir in den Rücken. Ich war verdammt, sie würden mich lynchen. Ich schrie, daß ich eine Mörderin bin, ich stellte mich einem Streifenwagen, der gerade vorbeikam. Ich rief um Hilfe, hinter mir knurrte die tollwütige Meute. Die Streife brachte mich in Handschellen weg. Ich war gerettet, weit weg von einer Menge, die nicht da war.

Dann kam der Prozeß: sechs Jahre wegen versuchten Totschlags. Sie machten ein paar medizinische Untersuchungen mit mir: Syphilis und aidsinfiziert.

Hier in Europa, da landet man ganz leicht, ohne Anstrengung, in den Armen des Dämons, mit leiser Stimme, lautlos. Hier bei euch, da stirbt man nicht lauthals, hier wird man nicht erschossen oder zerfleischt, hier geht's ganz ohne Geschrei und Messerstechereien. Hier verschwindet man ganz still und heimlich, ganz verhalten. Schweigend. Allein und verzweifelt. Hier krepiert man an Aids und Heroin. Oder in einer Zelle, aufgehängt an einem Waschbecken. Wie Celma, an die ich mich erinnern möchte. Sie schlief in der Zelle nebenan, in dieser Hölle, in der ich jetzt lebe und die so anders ist und über die ich nichts erzählen werde.

Interview

MAURIZIO*: *Princesa, wie kommt es zu diesem Namen?*

FERNANDA: Das ist eine merkwürdige Geschichte. Als ich zwanzig war, das war neunzehnhundertdreiundachtzig, da arbeitete ich in einem sehr bekannten Restaurant. Es gab da zwei Chefs, zwei Brüder, und beide waren Offiziere bei der Luftwaffe. Sie hießen Omar und Risomar. Ich arbeitete in der Küche, als Aushilfe für einen Koch, der Arlindo hieß. Eines Tages beschwerte Risomar sich bei Arlindo, er solle doch nicht immer ausgerechnet an den beiden Wochentagen freinehmen, an denen er zum Mittagessen kam; keiner war nämlich imstande, sein Lieblingsgericht zu kochen: das Parmesanfilet. Arlindo sagte, er wüßte jemanden, der das genausogut könne wie er. Risomar wollte wissen, wer das war, und Arlindo sagte, daß ich das könnte, ich: Fernandinha. So kam es,

---

* Dieses Interview wurde im Gefängnis unter Mitwirkung von Giovanni Tamponi gemacht. Mit seiner Hilfe war es möglich, das kleine, gelbe Heft, in dem ich die Fragen notierte, zwischen der Abteilung der »Brigadisten« und der der »Transsexuellen« hin- und herwandern zu lassen. Über alles Unverständnis, alle Gitter und Verbote hinweg kamen die Antworten ein paar Tage später zurück. Zwischen einer Frage und der nächsten haben sich im Laufe der Monate, die notwendig waren, um dieses Interview zu führen, tausend Dinge ereignet, die hier nicht erwähnt werden, auf die jedoch in der Einleitung hingewiesen wird.

155

daß Risomar vor allen Leuten zu mir sagte: Hör mal, meine kleine Princesinha (Prinzessin), wenn du das Parmesanfilet so hinkriegst, wie es mir gefällt, dann mache ich dich zur Prinzessin in meinem Restaurant. Nach einer Weile rief ich den Kellner, er solle Risomar das Filet bringen. In der Küche dachten alle, jetzt würde es Ärger geben, aber nein, Risomar machte mir Komplimente und zahlte mir sogar mehr Lohn.

So wurde ich halt zur Prinzessin. Nachts kamen viele Kunden, die mich suchten: Wer ist diese Bicha, die Prinzessin heißt? Auch hier, im Gefängnis Rebibbia, als ich da einundneunzig ankam, kannten mich die anderen Transsexuellen als Princesa. Heute möchte ich lieber Fernanda genannt werden. Das ist diskreter, Princesa, das versteht ja keiner. Einmal, in einer Bar, da nannte ein Transsexueller mich Princesa, da haben sich alle Kunden umgedreht und wollten sehen, wer denn diese Princesa ist. Fernanda ist unauffälliger.

Ist es dir früher oft passiert, daß du den Leuten, die du trafst, erklären mußtest, daß du mit dem Frauennamen Fernanda angesprochen werden wolltest?

Nein, das war eigentlich nie nötig. Auch die, die meinen Männernamen kannten, wie die Besitzer der Pensionen, in denen ich wohnte, nannten mich Fernanda. Sie respektierten mich. Außerhalb des Gefängnisses nannten mich alle meine Bekannten Fernanda, auch wenn sie wußten, daß in meinem Paß Fernando stand; andere nannten mich Frau oder Fräulein. Draußen hatte ich nie Probleme damit. Nie. In den Restaurants nannten die Kellner mich Fräulein. Auch die Kunden, die mich als Mann benutzten, respektierten mich als Frau.

Wie nennen dich denn im Gefängnis die Wärter, die Angestellten, die Ärzte und die anderen Gefangenen?

Im Gefängnis sprechen mich die Wärter in der männlichen Form an; das ist eben ihr Job, das müssen sie auch wegen der Direktion so machen. Aber wenn sie draußen wären, würden sie mich nicht in der männlichen Form ansprechen, da würden sie mich Fernanda nennen, da bin ich ganz sicher. Vor zwei Jahren, als ich draußen war, habe ich einen von ihnen kennengelernt. Er war ein Kunde von mir, und er nannte mich Fernanda. Als er mich dann aber hier drinnen traf, fing er an, mich Fernando zu nennen, vielleicht damit kein schiefes Licht auf ihn fiel. Das verstehe ich ja auch gut, warum er das gemacht hat. Manchmal spricht der eine oder andere mich zum Scherz in der weiblichen Form an, wenn es keiner sieht, das ist normal. Auch der Gefängnisdirektor nennt mich Fernando, das ist ja klar; aber ich bin sicher, wenn er mich draußen kennengelernt hätte, würde er mich Fernanda nennen. Der Priester nennt mich Fernanda. Und noch ein paar andere auch, die Leute von der Caritas zum Beispiel, und auch ein paar Ärzte nennen mich Fernanda. Aber es ist für diese Leute normal, daß es da zwei Regeln gibt. Bei den anderen Gefangenen gibt es dagegen nur eine Regel: Fernanda.

Seit ich im Gefängnis bin, sprechen mich nur zwei der Mitgefangenen, die ich kenne, in der männlichen Form an. Ich habe nie verstanden, warum sie nur mich in der männlichen Form anreden; die anderen Transsexuellen, die viel mehr männliche Züge an sich haben, sprechen sie ja auch in der weiblichen Form an.

*Vor einiger Zeit habe ich gesehen, wie ein Transsexueller,
der Kelly heißt, einen Riesenstreit anfing, weil ein anderer
Gefangener ihn verächtlich »Schwuler« genannt hatte.
Kommt das im Gefängnis oft vor? Und draußen?*

Nein, das passiert nur im Gefängnis. Draußen hängt es
davon ab, wie einer sich verhält. Wenn einer sich gut benimmt, gibt es das draußen nicht. Mir ist das so gut wie
nie passiert, höchstens mal mit einem Besoffenen. Ich
kenne einen Transsexuellen, den man im Gefängnis für
den femininsten von allen hält. So, wie der sich benimmt,
sagen alle, sieht er aus wie ein kleines Mädchen. Sie heißt
Celma. Sie ist wirklich die mädchenhafteste, wie sie
spricht und wie sie sich verhält. Trotzdem habe ich
manchmal gesehen, wie einer sie »Schwuler« genannt hat,
sowohl die Wärter als auch andere Gefangene. Ich habe
auch mal gesehen, daß Wärter Gianna einen Schwulen
nannten; auch sie ist ein sehr femininer Transsexueller,
aber bei ihr liegt es vielleicht wirklich daran, wie sie sich
benimmt.

Unter uns benutzen wir dieses Wort nie. Auch wenn
manche einen Bart haben, das habe ich immer respektiert.
Wir sind nicht immer damit einverstanden, aber respektiert wird es trotzdem.

*Und du, wirst du wütend, wenn einer dich »Gay« oder
»Homosexueller« nennt?*

Klar werde ich dann wütend! Ich gehöre zwar zu derselben Rasse und ich mache dasselbe wie ein Gay oder ein
Homosexueller, aber wir sind doch ganz verschieden.
Der Gay präsentiert sich vor einer Familie wie ein Mann,
angezogen wie ein Mann. Er gibt nur selten zu, daß er

eine Frau ist. Ganz viele von denen gehen sowohl mit den Frauen als auch mit den Männern; dann tragen sie Krawatten. Der Transsexuelle dagegen verkleidet sich vor der ganzen Gesellschaft als Frau.

Kann sein, daß es keinen großen Unterschied gibt zwischen Gays, Homosexuellen und Transsexuellen, es ist ja auch fast dasselbe; der Gay ist reserviert, der Transsexuelle dagegen hat keine Angst, er kaschiert nichts, er zeigt sich der ganzen Welt; der Homosexuelle ist zurückhaltend, er läßt vor anderen Leuten nicht so schnell durchblicken, daß er sich nicht wohlfühlt in seiner Haut oder daß er eben anders ist. Na jedenfalls hat jeder da so seinen Charakter.

Wenn ich das recht verstanden habe, reden dich also viele in der weiblichen Form an, seit du beschlossen hast, auch einen Körper wie Fernanda zu haben. Trotzdem kommt es doch vor, daß manche Kunden dich als Mann haben wollen.

Ja, aber das sind nicht nur Kunden von Transsexuellen, das sind auch Kunden von Frauen. Es gibt keinen Grund, warum die nur mit Transsexuellen etwas anfangen könnten; sicher gehen die auch zu Frauen. Trotzdem, es stimmt: Es gibt Kunden, die wollen, daß wir als Mann mit ihnen zusammen sind. Das ist ein ganz schönes Durcheinander. Fast immer sind die verheiratet oder haben jedenfalls eine Frau. Und da irren sich eine ganze Menge Leute, wenn sie denken, daß ein Mann, wenn er mit einem Transsexuellen geht, deshalb ein Schwuler ist. Das stimmt nicht. Klar, wenn man den Mann dann mit einem Gay sieht, ist die Sache klar! Denn was für ein feminines Aussehen hat denn der Gay einem Mann zu bieten?

Es gibt also Kunden, die von einem Transsexuellen nur männliche Verhaltensweisen wollen. Andere dagegen wollen von ihm beides, den Mann und die Frau.

Gibt es auch im Gefängnis Transsexuelle, die die Männerrolle spielen?

Ja, das gibt es auch. Und nicht nur im Gefängnis, auch draußen. Ich habe auch schon mal den Mann gespielt, um Geld von den Kunden zu kriegen. Aber ich habe mich noch nie bei einer Frau als Mann benommen, oder bei einem anderen Transsexuellen. Ich finde, wenn ein Transsexueller sich mit einem anderen wie ein Mann benimmt, das ist schon ganz schön traurig, eklig. Ich kenne eine Menge Transsexuelle, die das machen. Ein Landsmann von mir hat das mal mit mir probiert. Er bestand darauf, ich sagte nein. Ich verstehe nicht, was das für ein Vergnügen sein soll, für einen anderen Transsexuellen die Frau zu spielen, mich nervt das. Ich habe immer nur von den wirklich männlichen Typen die Liebe akzeptiert, selbst wenn die da manchmal etwas merkwürdige Vorstellungen haben. Wenn ein Transsexueller im Gefängnis den Mann für einen anderen Transsexuellen spielt, dann hat er das auch draußen gemacht. Dann gefallen ihm die Frauen und nicht die Männer.

Ich kannte mal einen Jungen, der gern Motorrad fuhr. Ich kletterte hinter ihm auf das Ding, es war kalt, und ich drückte mich an ihn. Meine Brüste berührten seine Schultern. Er sagte, das gefalle ihm, meine Brüste an seinem Rücken zu spüren, während er Motorrad fuhr. Nach dieser Fahrt habe ich mich überzeugt, daß der Junge ein wirklicher Mann war, er hatte nur eine andere, eine besondere Phantasie. Da habe ich ihn gefragt: Hast du dieses Lustgefühl auch, wenn du statt mir Frauen hinter dir hast? Er sagte, er mag die Brüste von Frauen nicht, wegen dieser Phantasie eben.

Er war kein Schwuler, sondern ein Mann, und ich denke, das ist er heute noch. Ich weiß, wer eine schmutzige Phantasie hat, der denkt sich jetzt wer weiß was.

An irgendeinem Punkt in deinem Leben hast du beschlossen, sowohl tagsüber als auch nachts Fernanda zu sein. Wie mußte Fernanda tagsüber sein, und wie nachts?

Auch als ich soweit war, als mein Körper sich verändert hatte, blieben die Probleme doch immer die gleichen. Um zu leben, mußte ich auf den Strich gehen. Wie soll man sonst die Miete zahlen, essen, Kleider kaufen und das ganze Zeug?

Ich habe vor zehn Jahren angefangen, auf den Strich zu gehen. Das gibt es auch im Leben einer normalen Frau. Um unabhängig zu sein, um so zu leben, wie man will. Mir jedenfalls gefällt es, so zu leben. Nachts sehen mich alle. Wenn ich als Nutte ein bißchen mehr verdienen will, muß ich meinen Körper ausstellen. Aber nur nachts, und nur in der Gegend, wo ich für diesen Job hingehe. Abends oder auch nachts, wenn ich nicht arbeite, ziehe ich mich dagegen am liebsten wie eine verheiratete Frau an. Auch wenn ich keinen Mann habe, das habe ich immer so gemacht. Tagsüber bin ich nie als Hure verkleidet herumgelaufen; ich finde das zum Kotzen, wenn eine Frau sich vor allen Leuten wie eine Nutte benimmt, vor den Kindern, vor den alten Leuten. Tagsüber muß man schon ein bißchen Respekt vor sich selbst haben. Ich habe nie tagsüber Striptease gemacht, es sei denn am Strand. Nachts, klar, das habe ich für die Kunden gemacht, die sonst nicht mit mir gekommen wären; um nicht jede Nacht drei oder vier Kunden zu verlieren, die mir ja mindestens zwei- oder dreihunderttausend Lire einbrachten. Die Kunden hatten Gefallen am Striptease, und ich kriegte mein Geld. Das mußte ich einfach machen. Auf dem Strich stand ich mitten unter den anderen Transsexuellen, den Nutten, den Schwulen, na eben mitten zwischen Männern jeder Art. Wenn ich mich geniert hätte, hätten die anderen Transen mir den Kunden weggeschnappt. Das war gar nicht so leicht, jede Menge Konkurrenz. Wenn keine Konkurrenz da war, arbeitete ich auch ganz normal angezogen. Na jedenfalls, nachts war ich Nutte. Aber da, wo ich mich tagsüber bewegte, da war ich eine Dame, und ich wurde auch immer respektiert.

Als ich noch ein Gay war, oder besser, als ich noch keine Brüste hatte und selber gar nicht wußte, wer oder was ich denn nun eigentlich war, als ich noch kein bißchen weibliche Züge hatte, weil ich ja noch keine Silikonprothesen und noch nicht die Portion Hormone in mir hatte wie heute, wollte ich damals schon aussehen wie eine berühmte brasilianische Schauspielerin. Als Frau ist Sonia Braga perfekt. Sie hat ganz lange Haare, so wie es mir gefällt, ihre Haut ist dunkel, aber nicht zu dunkel. Ihr Gesicht ist ein bißchen zu mager, nicht rund genug. Ihre Figur finde ich perfekt. Das war immer auch mein Wunsch, so wie sie zu sein, wie Sonia Braga. Und wenn ich mich heute im Spiegel ansehe, und dann in einer Zeitschrift Sonia Braga sehe, dann sehe ich, der Unterschied ist minimal!

Gibt es bei den Körperformen Unterschiede zwischen den brasilianischen Transsexuellen und den italienischen?

Ja, da gibt es einen Unterschied, und das sieht man auch ganz deutlich. Wenn man bei den brasilianischen Transsexuellen den Körper allmählich aufbaut, dann legt man dabei besonderen Wert auf den Körperteil, der die Männer am meisten anzieht, vor allem die brasilianischen Männer, und das ist nun mal der Hintern. Wenn du einen schönen Arsch hast, ist alles klar! Bei anderen Körperteilen kann man, wenn man das gut machen läßt, bis zu sechzig Prozent der männlichen Züge verschwinden lassen. Ein großer Busen gefällt den Brasilianern nicht besonders. Die brasilianischen Frauen sollen einen Busen haben, der zu ihrer Figur paßt; mit dem Hintern übertreiben sie es dagegen alle.

Bei den italienischen Transsexuellen ist der Busen dagegen so groß wie der Arsch klein ist. Viele von ihnen haben Angst vor dem Silikon, und wenn sie hören, wie gefährlich das sein kann, verzichten sie oft darauf. Die italienischen Transsexuellen legen keinen großen Wert auf den Hintern, ihnen ist der Busen wichtiger. Wenn nur der Busen groß ist, ist schon alles in Ordnung.

In Brasilien gibt es Leute, die sind mit dem Silikon reich geworden. Einige arbeiten in speziellen Kliniken, andere machen das zu Hause.

In Brasilien haben die Transvestiten mit dem Silikon angefangen; daraufhin haben sich viele Frauen gefragt, wie das möglich ist, daß ein Transsexueller einen schöneren und harmonischeren Frauenkörper hat als sie. Viele Frauen beneiden die Transsexuellen, denn das ist ja das besondere an den brasilianischen Transsexuellen, daß sie einen wunderschönen Hintern haben. Dann haben die Schauspielerinnen damit angefangen.

Man kann auch den Busen mit Silikon aufpumpen, aber am Busen und im Gesicht ist das sehr gefährlich. Bei manchen brasilianischen Transsexuellen, die es für das Gesicht benutzt haben, ist es wie ein Ballon auseinandergegangen, und das Gesicht war entstellt. Man kann es auf zwei Arten machen. Entweder mit Betäubung oder ohne. Ohne Betäubung machen es der »Bombador« oder die »Bombadeira«, die solche Sachen machen, am liebsten. Es hat 'ne ganze Menge Tote gegeben dabei, immer Transsexuelle, die es übertrieben haben. Ohne Betäubung ist es sehr schmerzhaft. Aber es ist weniger gefährlich, denn wenn die Nadel eine Vene oder ein Lungengefäß erwischt, merkt man das sofort, es tut weh. Bei mir hat es zwei Stunden und zwanzig Minuten gedauert. Ich hatte das Gefühl, ich bin bei einer Entbindung. Ich wollte runter von dem Bett, weil ich den Schmerz nicht mehr aushalten konnte, aber ich wußte ja, das war der Preis für die Schönheit, und da bin ich liegengeblieben. Dreimal habe ich das ohne Betäubung über mich ergehen lassen. Ich glaube, heute würde ich diesen Schmerz nicht noch einmal ertragen.

Ich habe das Silikon nur am Hintern einspritzen lassen. Ich habe das mit einem brasilianischen Transsexuellen gemacht, der in Rio de Janeiro wohnte. Er war nach Paris umgezogen, aber als er da ausgewiesen wurde, kam er nach Brasilien zurück. Er ist sehr berühmt für diese Silikonsachen. Severina ist sein Name. Er hat bei vielen Transsexuellen die Körper geformt, Hunderte von Körpern. Heute dürfte er fünfzig oder fünfundfünfzig Jahre alt sein.

Die Brust sollte ein Arzt machen, mit Prothesen. Die Brüste, die man sich mit Hormonen wachsen lassen kann, sind anders als die mit den Prothesen. Bei den ersteren mußt du permanent Hormone schlucken, wenn du nur eine Weile damit aufhörst, verschwinden sie. Ich muß trotzdem immer Hormone nehmen, weil bei mir eine Prothese kaputtgegangen ist, und weil ich schließlich meinen Kunden nicht unbedingt zeigen will, daß eine Brust größer ist als die andere. Ich werde also noch so lange Hormone nehmen müssen, bis ich eine neue Operation machen kann.

Es gibt also Spezialisten, die die Silikonbehandlungen mit Betäubung machen, und es gibt die Bombadores, die keine Mediziner sind und das zu Hause machen. Kannst du mir von denen etwas erzählen? Sind das alles Transsexuelle wie Severina?

Die, die das zu Hause machen, sind nicht legal. Aber jedes Land hat da seine eigenen Regeln. In Brasilien weiß die Polizei das ganz gut, aber sie tut so, als hätte sie nichts gesehen. Das Problem ist, daß diese Bombadores – meistens sind es Transsexuelle – ein bißchen mehr aufpassen müßten, mehr Verantwortungsgefühl haben müßten, denn die Hausbehandlungen enden oft tödlich. Es passiert auch, daß einer sich so eine Behandlung einmal ansieht, dann kauft er sich das Material, das man dafür braucht, und bringt das Gerücht in Umlauf, daß er auch solche Behandlungen vornimmt. Der erste Kunde, der dem in die Hände gerät, kann sich glücklich schätzen, wenn ihm nichts passiert, denn wenn die Spritze ein Gefäß erwischt, das zum Herz oder zur Lunge führt, dann war's das. Viele Transsexuelle sind so gestorben, in São Paulo und in Rio. Von den legalen Kliniken gibt es jetzt fünf oder sechs. Vor ein paar Jahren waren es nur zwei oder drei in ganz Brasilien. Da gingen die Frauen und die Künstler hin. Jetzt erst gehen ein paar Transsexuelle hin, die sich einen anderen Körper zulegen.

Ich würde sagen, fünfundneunzig Prozent der mit Silikon behandelten Körper sind illegal, von den Bombadores gemacht. Das sind fast immer Transsexuelle, die meisten sind wirklich sehr verantwortungsbewußt, nicht einfach irgendwelche Pfuscher. Severina zum Beispiel ist ein Transsexueller, bei dem es mit den Silikonbehandlungen nie Probleme gegeben hat. Ich wohnte in São Paulo, Severina in Rio. Ich hatte gerade die Behandlung hinter mir und hätte besser nicht am selben Tag zurückfahren sollen. Aber ich tat es trotzdem, und die Reise ist etwa so weit wie von Mailand nach Rom. Als ich in São Paulo ankam, lief mir ein bißchen Silikon aus der rechten Hüfte. 1986 wollte ich mir den Busen mit Silikon machen lassen, aber Severina riet mir ab, das sei gefährlich, lieber sollte ich mir Prothesen von einem Arzt machen lassen.

Kennst du ein paar Geschichten von diesen »Silikonbombadores«?

Davon kenne ich eine ganze Menge. Außer Severina gibt es auch andere, die sehr gut sind. Jelma und Fiorella zum Beispiel, das sind zwei Transsexuelle aus Rio. Eunice dagegen ist eine Frau aus São Paulo. João ist ein Mann, er lebt auch in São Paulo. Marli ist ein Transsexueller, der in Recife lebt. Er hat sich jetzt operieren lassen und lebt irgendwo in einem kleinen Ort in Italien. Sie hat geheiratet. Zum letzten Mal habe ich sie neunundachtzig in Viareggio gesehen. Manuela, ein Transsexueller aus São Paulo. Daniela lebte in der Stadt Curitiba, der Hauptstadt von Paraná. Sie ist schon tot, aber sie war der erste Transsexuelle in Brasilien, der Silikonbehandlungen machte. Sie kam bei einem Autounfall ums Leben. Sie sind alle Bombadores geworden, indem sie das einfach von den anderen gelernt haben. Dann ist da noch Rosana Staise, sie ist transsexuell und lebt in Belo Horizonte, der Hauptstadt des Staates Minas Gerais. Dann noch Neuza, eine Frau, die in Campinas, in der Nähe von São Paulo lebt.

Die Bombadores gibt es seit etwa dreizehn Jahren. Jetzt sind es viel mehr als früher. Schulen, in denen man lernen könnte, Bombador zu werden, gibt es nicht, man muß es sich schon von jemand anderem beibringen lassen. Die bekanntesten sind vielleicht zehn in ganz Brasilien, zwei Frauen, ein Mann und sieben Transsexuelle. Es gibt zwei sehr berühmte Kliniken: die in Rio, von Dr. Vinicius, wo ich die Brustprothesen habe machen lassen, und die in São Paulo, die Klinik von Dr. Jran, das ist die bekannteste. Vielleicht gibt es inzwischen noch andere.

Fast alle Transsexuellen gehen zum Bombador. In die Klinik gehen sie, um sich den Busen machen zu lassen oder wenn sie Probleme mit dem Silikon haben. Wenn du zu einem Chirurgen gehst, kannst du nicht soviel Silikon bekommen, wie du willst, die Menge bestimmt er. Bei den Bombadores dagegen entscheidet der Transsexuelle. Die Frauen gehen immer zu den Ärzten, weil sie Angst haben, es könnte zuviel sein. Die Transsexuellen nicht, die überlegen es sich erst, ob sie zum Arzt gehen oder nicht. Das ist der Unterschied, sie entscheiden selbst.

Erzählst du mir die Geschichte, wie du Severina getroffen hast?

Wir haben uns im September 1985 kennengelernt. Ich kam aus Salvador, Bahia. Ich zog in eine Wohnung gegenüber von ihr, in derselben Straße. Ich hatte in Bahia schon gehört, daß Severina die beste war. Ich war gerade mal drei Tage in Rio, da sah ich fünf oder sechs Transsexuelle, die mit einer Frau sprachen. Ich blieb stehen und fragte zwei oder drei, die ich schon mal gesehen hatte, ob sie Severina, die Bombadeira, kannten. Die Frau antwortete mir: Das bin ich. Diese Frau war ein Transsexueller, sie war es, Severina. Sie fragte mich, ob ich mich von ihr spritzen lassen wollte. Ich sagte, ich hätte Angst. Und sie antwortete: Angst? Ich denke, du willst eine Frau werden, dann mußt du schon ein bißchen Schmerz ertragen, sonst wird das nichts. Na ja, ich hatte ja schon daran gedacht, mir die Hüften mit ein bißchen Silikon behandeln zu lassen, damit sie so werden wie bei den Frauen. Dann hat sie mich gefragt, woher ich komme. Aus Campina Grande, Paraíba, sagte ich. Das war eine Überraschung! Sie war vor zwanzig Jahren auch aus Campina nach Rio gekommen. Wir waren Landsleute. Sie fragte mich, warum ich nicht sofort nach Rio gegangen sei, und ich erzählte ihr mein Leben. Und sie mir ihres. Sie sagte, wenn ich wollte, könnte ich sofort mit der Behandlung anfangen, bezahlen könne ich später. Bei ihr zu Hause sah ich unheimlich viele Bilder hängen, Fotografien, alle von berühmten Transsexuellen, die sie behandelt hatte. Ihre Körper waren wunderschön, alle mit Silikon behandelt, wahnsinnig schön. Zwei Wochen lang arbeitete ich – ich ging auf den Strich, versteht sich –, um schnell an Geld zu kommen. Dann sah ich den Körper eines Transsexuellen, und ich sagte zu Severina, sie solle mich genau so machen. Das war Perla, ein Transsexueller mit langen dunklen Haaren und einer dunklen Haut wie meiner.

Als ich Perla achtundachtzig in Madrid wiedersah, haben mich viele mit ihr verwechselt. Es tut mir leid, daß sie in Spanien gestorben ist. Eine Überdosis Heroin. Selbstmord. Sie hatte sich fünf Gramm gespritzt, kurz nachdem sie erfahren hatte, daß Aids bei ihr ausgebrochen war. Wir ähnelten uns bis aufs letzte Haar, Perla und ich. Immerhin mußte ich eine zweite Silikonbehandlung machen lassen, um so einen Körper wie Perla zu haben. Perla & Princesa – Carlos & Fernando.

Severina ist einer der ersten Transsexuellen, ich meine, sie war schon Transsexueller, als ich geboren wurde. Sie lebte von der Prostitution, und 1980 ging sie nach Paris. Aber sie hatte kein Glück und wurde des Landes verwiesen. Einundachtzig ging sie dann nach Curitiba, um mit Daniela Silikonbehandlungen zu machen. Als sie zurückkam, hatte sie eine ganze Menge Silikon bei sich. Sie machte die Behandlung an sich selbst, danach wurde sie zu einer bekannten Bombadeira. Severina hat auch die Körper von ein paar Frauen gemacht. Sie hatte ein bißchen Erfahrung auf dem Gebiet, weil sie, als sie noch Gay war und bei der Familie lebte, Krankenpfleger gewesen war. Sie wußte, wo man die Silikonspritze ansetzen mußte. Heute ist sie die reinste Spezialistin auf dem Gebiet. Ich habe sie auch in Italien gesehen, achtundachtzig war sie hier in Mailand, um an einigen Transsexuellen Behandlungen vorzunehmen. Sechs Stunden vor und sechs Stunden nach der Behandlung darf man nichts essen. Man darf auch keinen Alkohol trinken, keinen Wein, keinen Whisky, gar nichts.

An dem besagten Tag brachte Severina mich in ein Zimmer mit einem Eisenbett und einer harten Matratze. Ich hätte jemanden mitbringen können, aber wer erträgt schon den Anblick? Eine Kollegin von mir jedenfalls nicht, sie schrie so laut, daß ich noch mehr Angst kriegte. Meistens allerdings hat die Bombadeira es nicht gern, wenn man jemanden mitbringt. Nach der Behandlung muß man drei oder vier Tage im Bett liegen bleiben, höchstens fünf oder zehn Minuten darf man herumgehen.

Du sagtest, Daniela sei der erste Transsexuelle in Brasilien gewesen, der einundachtzig Silikonbehandlungen machte. Erzählst du mir etwas von ihr?

Daniela hatte als Transsexueller nicht mit ihrer Schönheit Erfolg, sondern mit ihrem Silikon. 1980 ging sie nach Paris, wo sie sich von einem Arzt für plastische Chirurgie Busenprothesen machen ließ. Und aus Paris kam sie dann auch mit einem ganzen Haufen Geld zurück. Als Transsexueller war sie perfekt. Nach dieser Reise nach Paris hatte sie es nicht mehr nötig, auf den Strich zu gehen. Sie fing mit den Silikonbehandlungen an, bei Transsexuellen und auch bei Frauen.

Sie hat auch den Körper des schönsten brasilianischen Transsexuellen gemacht, Roberta Close. Roberta ist eine Künstlerin im brasilianischen Fernsehen. Sie hat sich operieren lassen und lebt in Rio. Viele kennen sie, die Franzosen, Schweizer und Italiener.

Daniela hat noch andere Körper geformt, zum Beispiel Tuca Rubirosa, die heute in Genf lebt. Tucas Körper ist herrlich. Jarley, ihren Körper hat auch Daniela gemacht. Auch den Körper des bekanntesten Transsexuellen in São Paulo, Telma Lipe, hat sie mit ihren Händen geschaffen.

Sie sind heute die schönsten Transsexuellen, alle haben sich von Daniela spritzen lassen. Daniela konnte aus jedem Männerkörper einen Frauenkörper machen. Perfekt wie ein Frauenkörper.

Auch Daniela war eine Künstlerin, wie Roberta Close. Beide haben als Prostituierte begonnen – und haben es geschafft. Vielleicht paßte die Prostitution im Grunde gar nicht zu ihnen, aber wenn du viel vom Leben willst, so sagt man bei uns, mußt du Nutte werden.

Kann man das Silikon auch wieder entfernen? Kennst du
Geschichten von Transsexuellen, die diesen Schritt wieder
rückgängig machen wollten?

Man kann das schon wieder entfernen, aber das ist eine
ziemlich heikle Angelegenheit, denn wenn das Gesicht
oder der Busen oder die Hüften oder irgendein anderer
Körperteil erst einmal mit Silikon behandelt wurden,
dann gelangt das Zeug ganz schnell tief ins Fleisch. Wenn
man das Silikon, das so tief drinsitzt, wieder herausneh-
men will, dann muß man zu einem sehr guten Arzt für
plastische Chirurgie gehen. Der Arzt muß sehr kompli-
zierte Instrumente verwenden, um damit die Muskeln einen nach dem anderen vorsichtig zu öffnen, um das Silikon vom Fleisch zu trennen. Außerdem muß man dafür
eine perfekte Betäubung machen.

Bis heute kenne ich keinen Transsexuellen, der es rückgängig machen wollte. Aber ich kenne zwei brasilianische
Transsexuelle, die einen Teil des Silikons wieder entfernen
mußten, weil es sie entstellt hatte. Einer von denen hatte
ein sehr schönes Gesicht und einen sehr schönen Körper,
aber er hatte es an den Hüften übertrieben, und also
mußte er da ein bißchen rausnehmen lassen, aber das hat
eine ganz schöne Narbe hinterlassen. Der andere hat sich
das Silikon aus dem Gesicht entfernen lassen. Er hatte zuviel davon reingespritzt. Das Gesicht ist aber trotzdem
entstellt geblieben. Ich habe nie erlebt, daß einer sich das
Silikon hat entfernen lassen, weil er wieder wie vorher
sein wollte.

Sprechen wir ein bißchen über die Kunden. Du hattest
Hunderte von Kunden, sowohl in Brasilien als auch in Eu-
ropa, und in deiner Erzählung schreibst du, daß die italie-

nischen Kunden – ich beziehe mich auf deine Erfahrungen
in Mailand und Rom – anständiger sind, nicht so brutal
wie die in Rio oder São Paulo, aber daß sie auch etwas per-
versere Neigungen haben. Was sind das für Unterschiede?
Was verstehst du unter »perverseren« Neigungen?

Die italienischen Kunden, die meisten jedenfalls, vielleicht achtzig Prozent, sehen auch gern den männlichen
Teil eines Transsexuellen, nicht nur den weiblichen. Ein
Beispiel: Wenn ein Kunde zu mir kommt und im voraus
bezahlt, dann denke ich erst mal, ganz automatisch, daß er
dafür bezahlt, meinen Arsch zu kriegen und Schluß. In
Italien läuft es in den meisten Fällen aber nicht so.

Es gibt Kunden, die wollen zwar den Hintern, aber sie
bestehen auch darauf, daß ich masturbiere. Das sind Kunden, die wollen unbedingt meinen Schwanz sehen und
anfassen. Ich habe das öfters erlebt, daß Kunden nur dann
bezahlen wollten, wenn sie mir beim Masturbieren zuse-
hen durften. Ob ich dabei einen Orgasmus kriegte oder
nicht, spielte überhaupt keine Rolle, sie wollten nur das
Spektakel. Viele von diesen Kunden sind keine Schwulen,
das sind einfach nur Typen, die mit uns ihre latente Ho-
mosexualität herauslassen.

Bevor ich hier in Rom im Knast landete, hatte ich einen
festen Kunden, der mir jedesmal zweihunderttausend
Lire zahlte. Im Auto. Er berührte mich nicht vorn, er
nahm nur meinen Hintern. Aber zuerst mußte ich vor seinen Augen masturbieren. Als er mir das zum ersten Mal
sagte, verstand ich gar nicht, was er meinte, und ich sagte:
Ich habe keine Lust, den Mann für dich zu spielen. Aber
er antwortete: Aber nein, ich will doch nur sehen, wie er
hart wird und wie du masturbierst. Er ließ nicht locker, na
ja, und zweihunderttausend Lire ... Na, jedenfalls habe

ich mich darauf konzentriert, es ihm recht zu machen, und auch wenn ich eigentlich nichts dafür übrig hatte, habe ich's gemacht. Das gehörte zu meinem Job, das mußte ich machen, das Geld brauchte ich schließlich.

Anderen Kunden macht es Spaß, es mit Transsexuellen zu machen, aber erst mal wollen sie bedient werden. So wie es Fälle gibt, wo die Kunden, Männer mit Schnäuzern und Bärten, den Transen den Schwanz lecken wollen. Ich kann nicht leugnen, daß ich das alles auch gemacht habe. Ich schäme mich nicht zuzugeben, daß ich viele Freier befriedigt habe, indem ich ihnen meinen männlichen Teil zu erforschen gab. Ich habe alles ausprobiert, auch das, was mir manchmal nicht paßte. Aber das Geld hat mich angetrieben! Und ich habe es nur mit Männern gemacht. Mit anderen Transsexuellen oder mit Frauen könnte ich überhaupt keinen Sex haben, nicht mal, wenn man mir mit der Todesstrafe drohen würde!

Ein anderes Ding, das ich oft erlebt habe, war, wenn die Kunden die 69 machen wollten. Wenn ich ehrlich bin, mit einigen Kunden hat mir das gefallen. Ich erinnere mich an einen Herrn, gut gekleidet, sauber und in guter finanzieller Position, tadelloses Benehmen. Er sagte zu mir: Ich mache nur die 69, sonst gar nichts. Ich will bumsen und nicht gebumst werden. Schluß aus. Das war seine Devise.

Das sind so die Sachen, die man bei den Italienern am häufigsten erlebt. Nicht, daß es in Rio oder São Paulo nicht auch Kunden gäbe, die solche Praktiken von dir erwarten. Die gibt es auch, aber es sind die wenigsten. Hier in Italien ist es dagegen die Mehrheit. Meiner Meinung nach sind die Kunden, die den Schwanz lecken wollen, entweder Homosexuelle oder sie machen es mit Transsexuellen. Was die anderen betrifft, die kritisiere ich nicht.

Die ganze Show gefällt ihnen eben. Ich finde, diese anderen, das sind keine Gays.

Ein weiterer Unterschied zwischen den europäischen und den brasilianischen Kunden ist, daß man hier im voraus bezahlt, in Brasilien dagegen danach.

Das sind so ungefähr die Sachen, die die Kunden in Rom und Mailand wollen, anders eben als die Kunden in Rio oder São Paulo.

Wie ist die transsexuelle Emigration organisiert?

Für diese Art von Emigration gibt es überhaupt keine Organisation. Es kann aber passieren, daß einer, wenn er aus Europa ausgewiesen wird und in Brasilien ankommt, dann kein Geld hat, um zurückzukehren. Dann wendet er sich häufig an einen anderen Transsexuellen, bei dem es schon gut läuft. Sie einigen sich dann dahingehend, daß dieser ihm das Ticket bezahlt. Manchmal kommt der Transsexuelle, der das finanziert hat, dann selbst nach Europa, um sein Geld wieder einzutreiben. Andere warten ab, bis der, der ihnen was schuldet, wieder zurückkommt. Eine ganz schöne Halsabschneiderei. Einige von diesen »Finanziers« sind arrogante Transsexuelle, oder sie arbeiten mit der Polizei in Rio oder São Paulo zusammen. Die fangen sogar noch Leute bei der Rückkehr ab, die ihre Schulden schon längst bezahlt haben, und dann knöpfen sie denen unter irgendeinem Vorwand noch mal Geld ab, zum Beispiel wegen verspäteter Zahlung oder so. Dann kann es schon mal passieren, daß der, der zahlen soll, sauer wird. Die meisten brasilianischen Transsexuellen kommen aber mit eigenen Mitteln nach Europa, so wie ich auch. Man geht in ein Reisebüro, man läßt sich die Adresse eines Hotels oder einer Pension geben, und auf geht's. Am meisten leidet man unter den Sprachschwierigkeiten. Das ist hart am Anfang, aber meistens trifft man irgendeinen, der Portugiesisch kann, und meistens findet man am Ziel ja auch andere Transsexuelle ...

Auf welchem Wege gelangen die brasilianischen Transsexuellen illegal nach Italien?

Häufig kommen sie über Frankreich rein, über die Grenze bei Ventimiglia. Oder über die Schweiz (Chiasso und Lugano). Meistens sind sie in Lkws versteckt, die Lkw-Fahrer wissen Bescheid. Oder aber über die österreichischen Berge oder Jugoslawien, nachts und zu Fuß. Ich zum Beispiel, ich bin zweimal in einem Lkw versteckt über die Grenze bei Ventimiglia reingekommen. Ein anderes Mal saß ich ganz gemütlich bei einem Herrn im Auto, der die Grenzpolizei gut kannte. Manchmal kommt es vor, daß man mit gefälschten Papieren reinkommt. Es hat Transsexuelle gegeben, die sind mit den Pässen von Frauen über die Grenze gekommen, die haben die Polizei ganz schön an der Nase herumgeführt.

Alle Probleme, auf die die Transsexuellen heute stoßen, wenn sie nach Italien reinwollen, kommen daher, daß es eine Zeitlang den reinsten Massenansturm gab; dadurch hat es 'ne Menge Ärger gegeben. Die ersten Transsexuellen, die fünfundachtzig und sechsundachtzig nach Italien kamen, kamen wie ganz normale Touristen an den Flughäfen Malpensa oder Fiumicino an. Oder mit dem Zug. '86 gingen in Genua sechsundzwanzig Transsexuelle von Bord. Sie hatten sich in Barcelona eingeschifft, und sie bekamen alle Einreisegenehmigungen als Touristen. Heute kriegst du so ein Papier nicht mal mehr, wenn du zehn Millionen Lire hinblätterst. Du kommst nur noch rein, wenn du eine Arbeit hast oder einen Wohnsitz bei einer Familie. Die Kontrollen sind heute viel strenger.

An wen wendet sich ein brasilianischer Transsexueller, wenn er in Europa ankommt?

An niemanden. Das erste, was er macht, ist, sich ein Hotel oder eine Pension zu suchen. Dann fragt er den Besitzer der Pension oder andere Transsexuelle nach den Namen der Straßen, wo man auf den Strich gehen kann. Oder aber er sagt einem Taxifahrer, er solle ihn an den Ort fahren, den er sicher gut kennt. Oder aber man geht ganz einfach zu Fuß los; irgendeiner hält immer an und kann dir nähere Informationen geben. Wie ich schon sagte, das Schlimmste ist die Sprache. Obwohl, so schwer ist es für einen ausländischen Transsexuellen nun auch wieder nicht. Bei manchen Sachen versteht man auch so ganz gut, was los ist. Da reichen dann Gesten, na ja ... die Kunden lernen eben sofort portugiesisch.

Wer sind die Transsexuellen, die auf dem Strich die Anteile kassieren?

Das sind die Transsexuellen, die zuerst in Europa angekommen sind; die setzen die anderen ganz schön unter Druck. Sie lassen sich von den Männern helfen, oder sie setzen sich mit Hilfe der Polizei durch. Ja, ein paar alte Transsexuelle arbeiten mit der Polizei zusammen. Das ist in Frankreich passiert. In Italien waren es eher die italienischen Männer als die brasilianischen Transsexuellen. In Paris gab es einen Transsexuellen, der hieß Elisa. Sie gehörte zu denen, die zuerst gekommen waren. Sie hatte mit den Arabern Bekanntschaft geschlossen und arbeitete mit der Polizei zusammen. Sie hatte eine bekannte Straße unter ihrer Kontrolle, beim Pigalle. Jeden Abend arbeiteten da zwanzig bis fünfundzwanzig Transsexuelle. Elisa kommandierte und hatte alles unter Kontrolle. Sie ließ sich Anteile auszahlen und verhängte Strafen. Trotzdem gingen die anderen Transsexuellen hin, denn an der Stelle konnte man eine Menge Geld verdienen. Elisa arbeitete übrigens nicht allein. Sie kam immer mit einem Mercedes angefahren, in Begleitung von drei oder vier Arabern. Die Transsexuellen mußten zahlen, was sie wollte, sonst wurden sie verjagt. Sie wußte schon im voraus, wann ein Transsexueller in Brasilien losfuhr und wann er in Paris ankommen würde. Wenn der ihre Vorschläge nicht akzeptierte, ließ sie ihn ausweisen. Sofort. Elisa wurde an der Tür ihres Appartements brutal umgebracht, von einem anderen brasilianischen Transsexuellen, der ihre Arroganz nicht mehr ertrug. Diese Geschichte ist vor etwa zwölf Jahren passiert.

Im Bois de Bologne kommandierte nicht eine einzige Bicha, sondern da waren es fünf oder sechs alte Transsexuelle, die die Anteile kassierten. Immerhin waren sie nicht so gefährlich wie Elisa.

Es sind immer die ältesten, die sich so aufführen. In Italien haben sie das jedoch meistens nicht machen können, weil das schon die italienischen Männer übernommen hatten. Zwei Transsexuelle, die in Italien dasselbe wie in Frankreich versucht hatten, sind sofort im Knast gelandet. Ich glaube, heute kommt das nicht mehr so oft vor.

In Madrid hattest du eine Auseinandersetzung mit zwei spanischen Transsexuellen, weil du an der falschen Stelle standest. Kannst du mir erzählen, wie die Beziehungen

zwischen italienischen und brasilianischen Transsexuellen
sind? Gibt es da Konflikte?

Ja. Der Grund dafür ist, daß es den europäischen Kunden, die da ganz schön verwöhnt sind, gefällt, wenn der Transsexuelle eine richtige Show abzieht. Die Europäer sehen, daß die Brasilianer sich mehr zeigen, sie machen einfach mehr aus der ganzen Sache als die Transsexuellen aus Mailand oder Rom. Und außerdem stellen die brasilianischen Transsexuellen den Kunden auf jede Weise zufrieden; das machen die italienischen Transsexuellen manchmal nicht. Viele Kunden sagen, daß sie zu uns kommen, weil wir weiblicher sind als die italienischen Transsexuellen und auch lustiger. Darum verlieren die europäischen Transsexuellen ihre Kunden.

Die italienischen Kunden sind wirklich ganz schön verwöhnt. Sie wollen immer neue Gesichter sehen. Wenn ein Kunde vorbeikommt und sieht immer die gleichen Gesichter, dann geht er mit der ersten Neuheit, die vorbeikommt, weg. Und diese Neuheit, das sind wir. Es gibt aber auch Fälle, wo es feste Kunden gibt. Ich erinnere mich, daß ich in Mailand einen Kunden hatte, der oft mit mir ausging und der Angst hatte vor der Gewalttätigkeit der anderen Transsexuellen. Dann kann es schon mal vorkommen, daß ein Kunde einen Transsexuellen ins Herz schließt und bei ihm bleibt.

Ist das ein Unterschied, ob man in Rio oder São Paulo oder
in Mailand oder Rom auf den Strich geht?

Und ob es da einen Unterschied gibt! Einen Riesenunterschied sogar! Auf dem Strich in Rom oder in Mailand wird ein Transsexueller, wenn er ehrlich arbeitet, seine

Kunden nicht angreift und sich nicht in den Rauschgifthandel verwickeln läßt, nie umgebracht oder auf der Straße niedergemetzelt, wie das in Rio oder São Paulo passiert. In Brasilien reicht es schon, wenn man jemandem unsympathisch ist oder wenn man mit gewissen Typen keinen Gratissex machen will. Manchmal zahlt man auch mit seinem Leben für die Fehler, die andere Transsexuelle gemacht haben. Dort gibt es Gewalt und Diskriminierung.

Kannst du mir von einer Strichnacht in Mailand oder Rom erzählen, von den Orten, von den Episoden, von der Stimmung?

In Mailand, in der Via Melchiorre Gioia, in der Nähe des Bahnhofs Garibaldi war das wie ein Laufsteg, wie eine Modenschau. Im Sommer ging das von neun Uhr abends bis morgens um fünf. Wir waren alle fast nackt. Ich arbeitete im Minirock mit hochhackigen Schuhen. Im Winter dagegen trug ich einen Pelzmantel, der bis zum Knie ging, darunter hatte ich nur einen Slip. Viele Transsexuelle zogen sich auch den noch aus, im Winter, und hüllten sich nur in den Pelzmantel. Da mußte man dann wirklich strippen, die Konkurrenz war unglaublich groß. Das ging so weit, daß wir schließlich alle einen Striptease veranstalteten. Das mußtest du machen, wenn du arbeiten wolltest. Auch die sonst eher seriös waren, mußten das machen. Für die Mailänder vor allem, die noch viel verwöhnter sind als die Römer. Wenn ein Transsexueller in einer Nacht fünfzehn Autos bediente, dann ging das Gemurre los. Der Neid. Dann behauptete der eine oder andere, daß die da Rabatt gab, daß sie verschwinden solle. Wer den Mut dazu hatte, schickte diese Neider einfach zum Teufel und blieb. Die anderen verdünnisierten sich. Dann gab's auch noch die Beschimpfungen der Kunden. Dann fingen die Diskussionen an, wer am meisten gearbeitet hatte, wer zehntausend Dollar in zwei oder drei Monaten angeschafft hatte, wer fünfzehntausend, wer zwanzig, darüber, wenn eine ausgewiesen wurde oder Drogen nahm. Man redete über die Stammkunden in der Straße, über die, die gut zahlten, über die, die sich ab und zu abends mit den Transsexuellen Kokain reinzogen. Man zog sich aus, um zu sehen, wer von uns den schönsten Körper hatte, wer die längsten Haare und den schönsten Busen. Wer sich Prothesen hatte machen lassen, wer einen Freund hatte und wer nicht. Das waren die Themen.

In Rom lief es allerdings ruhiger als in Mailand. Im Eur ließ es sich gut arbeiten. In der Via Flaminia dagegen gab es immer das meiste Theater. Die erste Nacht, in der ich in Rom arbeitete, bin ich auf die Cristoforo Colombo gegangen, einen Strich in der Via Padre Semeria, in der Nähe der Messe Rom. Das war im November achtundachtzig. Keine Streitereien, kein Strip, kein Theater. Das ließ die Polizei nicht durchgehen. Und es war auch gar nicht nötig, weil den römischen Kunden eher die seriösen Leute gefallen; jedenfalls kam's mir so vor, bei meiner Arbeit in Rom und Mailand. In Rom brauchte ich auf der Straße nie einen Striptease zu veranstalten wie in Mailand. Trotzdem konnte ich dort mehr anschaffen als in Mailand. In die Via Flaminia ging ich nur, wenn ich mit einer Bicha was zu bereden hatte. Ich ging lieber im mondänen Viertel Eur und am Lungotevere auf den Strich.

In Mailand, in der Via Melchiorre Gioia, da war immer ein Riesentheater. In den Sommernächten, ein wunderbarer Himmel, die ganze Straße beleuchtet. Die Leute waren in Urlaub, aber die Autos fehlten hier, in der Via Melchiorre Gioia, nie. Von abends bis morgens. Alle Transsexuellen hatten genug zu tun. Ich machte ungefähr zehn Autos pro Nacht. Fünfhunderttausend Lire konntest du da immer einstecken. Damals sprach ich fast gar kein Italienisch. Im Auto zeigte er oder sie mir die Denkmäler von Mailand, Piazza Duomo, Porta Venezia, Corso Buenos Aires usw. Ab und zu fuhr mich irgendein brasilianischer Transsexueller, den ich noch aus Brasilien kannte, mit dem Auto durch die Gegend. Da kannte ich das Heroin noch nicht (ich schnupfte höchstens ab und zu ein bißchen was), und vielleicht war ich noch nicht mal aidsinfiziert. Mir gefiel, was ich machte. Ich war stolz, eine Prostituierte zu sein. Zu mir kamen Leute, obwohl ich Ausländerin war und mich nicht mit ihnen unterhalten konnte, die meinen Körper mieten wollten. Sie benutzten mich, aber sie verstanden, daß das meine Art zu leben war, zu überleben. Aber mittendrin in diesem Gefühl, hatte ich doch immer ein Angstgefühl im Herzen. Die ganze Nacht lang kamen viele zu mir, aber dann mußte ich plötzlich wieder den Weg zurück ins Hotel nehmen und den ganzen Tag dort eingeschlossen verbringen. Dann fühlte ich mich deprimiert. Eine Person, die man weggeworfen hat, die nicht zur Gesellschaft gehörte. Ich mußte den Tag mit anderen Transsexuellen im Hotel verbringen. Ich mußte im Zimmer bleiben bis zum Abend, dann war ich wieder gerüstet für die Via Melchiorre Gioia, für die Via Abruzzi – für die Show. In die Via Abruzzi ging ich nachts nach zwei Uhr, wenn die Frauen den Strich verließen. Alle kannten mich unter meinem Künstlernamen Princesa. Ein paar Mailänder lachten: Wieso heißt du Princesa? Ist doch ein Name wie jeder andere, José, irgendein Name, antwortete ich.

Glossar

Baraúna: großer Baum aus der Familie der Hülsenfrüchtler (Melanoxylon brauna), aus sehr hartem Holz, zum Bauen geeignet.

Bicha: Blutsauger, Blutegel, Regenwurm. Übliche brasilianische Bezeichnung für Homosexuelle.

Bombadeira: Expertin, an die Transsexuelle sich wenden, um den Körper mit Hilfe von Silikon zu verändern.

Bumba-meu-boi: Dramatische Aufführung, die in einer Prozession veranstaltet wird; Hauptdarsteller sind der Ochse, das Seepferd, der Arzt.

Buriti: eine Art Palme (Mauritia vinifera), die man zwischen Pará und São Paulo sehr häufig antrifft. Aus ihrer Frucht stellt man Süßigkeiten und Liköre her.

Caatinga: Trockengebiet im Nordosten, mit einer Vegetation aus Bäumen, die während der Trockenzeit die Blätter verlieren. Reich an Kakteen, bromhaltigen Substanzen und dornigen Stauden. Schauplatz unzähliger Werke der brasilianischen Literatur.

Caboclo: brasilianischer Ureinwohner mit bronzefarbener Haut; Mischung aus Weißen und Indianern; armer Bauer aus den Inlandsgebieten.

Cajarana: Baum aus der Familie der Anispflanzen (Spondias dulcis), auch Cajà-manga genannt.

Cajueiro: Baum aus der Familie der Anispflanzen (Anarcordium occidentali).

Churrascaria: Churrasco-Restaurant.

Churrasco: auf dem Grill gebratenes Fleisch.

Curumbatá: Süßwasserfisch aus der Familie der Erythriniden (Prochilodus reticulatus).

Dendê: Palme afrikanischen Ursprungs (Elaeis guineensis), aus der man ein weitverbreitetes Öl gewinnt, das man im Norden zum Braten und Würzen verwendet.

Favela: Ansiedlung von Baracken, meist auf Hügeln oder an den Stadträndern; oft fehlen die elementarsten hygienischen Einrichtungen.

Fazenda: Großes Landgut mit Pflanzungen und Tierzucht.

Fofão: Pummelchen, Dickerchen, meist als Bezeichnung für Kinder verwendet. Unter Transsexuellen ist Fofão eine Anspielung auf eine Plastikphantasiepuppe, die im brasilianischen Fernsehen eine Kindersendung »moderiert«. Nach dieser Spielzeugfigur mit einem dicken, herunterfallenden Gesicht bezeichnet man diejenigen Transsexuellen und auch Transvestiten als »fofão«, die ihr Gesicht mit besonders viel Silikon haben behandeln lassen, so daß ihre aufgepumpten, herunterhängenden Gesichter wie das der Fernsehpuppe wirken.

Forró: Volkstanz, auch Arrasta-pé (Fußschleifer) genannt.

Frevo: Tanz schwarzen Ursprungs mit lebhaftem Rhythmus, wird vor allem während des Karnevals getanzt.

Garimpos: Gold- und Diamantminen.

Garoa: Wetterlage, bei der Nebel sich langsam in feine, dichte Tröpfchen auflöst. Kommt häufig in der Gegend von São Paulo vor.

Goiaba: Kuchen, der aus der Frucht des Goiabeira gemacht wird.

Guaraná: süßes, sprudelndes Erfrischungsgetränk, das ursprünglich aus den Samen des Guaraná (Paullinia cupana) hergestellt wurde.

Imbu: Frucht des Imbuzeiro, eines Baums aus der Familie der Anispflanzen (Spondias tuberosa).

Jurubeba: Likörwein, den man aus dem Jurubeba-Baum (Solanum paniculatum) gewinnt, Nachtschattengewächs.

Maconha: indisches Hanf (Cannabis indica). Blätter und Blüten werden als Rauschmittel verwendet.

Mãe-de-santo: Priesterin aus der Macumba, eines religiösen Ritus afrikanischen Ursprungs mit christlichen Einflüssen.

Mandioca: Maniok. Pflanze aus der Familie der Wolfsmilchgewächse (Manihot utilissima) und eßbare Knolle derselben Pflanze.

Maricão: verweiblicht, schwul.

Maricas: s. Maricão.

Marmeleiro: Baum aus der Familie der Rosenblütler (Pyrus cydonia), dessen Äste sehr flexibel und widerstandsfähig sind, so daß sie oft als Peitsche verwendet werden.

Meninos de rua: Straßenkinder, die in den brasilianischen Großstädten vom Straßenabfall leben.

Orixás: Gottheit aus der afrikanischen Mythologie, wie man sie in den religiösen Riten der Macumba und Candomblé Brasiliens findet.

Pitomba: Frucht des Pitombira (Sapinadus esculentus).

Traíra: Flußfisch aus der Familie der Erythriniden (Hoplias malabaricus).

Urutu: Bezeichnung für verschiedene Arten von giftigen Schlangen aus der Familie der Klapperschlangen.

Veado: Hirsch. Vulgäre brasilianische Bezeichnung für den passiven Päderasten.

Volkmar Sigusch

Geschlechtswechsel

Wir leben in einer Welt, in der es allem Anschein nach nur weibliche und männliche Wesen, nur Frauen und Männer gibt. Begegnen wir einem Menschen, ordnen wir ihn automatisch in eines der beiden Kästchen ein. Gelingt uns das nicht, sind wir verwirrt. Denn das Grundgesetz der Geschlechtlichkeit heißt in unserer Kultur nun einmal: entweder Frau oder Mann.
Weil das Geschlecht etwas Gegebenes zu sein scheint, natürlich und unverrückbar, ist der Druck gewaltig, sich selbst einem der beiden Geschlechter zuzuordnen. Und wehe denen, die das nicht können!

144 Seiten
DM/sFr 16,90/öS 123,-
ISBN 3-88022-359-9
Rotbuch Taschenbuch 1009

Taschenbuch

ROTBUCH *Verlag*

Parkallee 2
20144 Hamburg
Tel. 040/450194-0
Fax 040/450194-55

Signe Zerrahn

Entmannt

Wider den
Trivialfeminismus

Die Emanzipation entläßt ihre
Töchter. Signe Zerrahns
bissiges Pamphlet wider die
Gemeinplätze der in die
Wechseljahre gekommenen
Frauenbewegung spiegelt
das Lebensgefühl der Gene-
ration nach Alice Schwarzer,
die es leid ist, von ihren
68er-Müttern mit Klischees
traktiert zu werden.
Achtung: Politisch nicht
korrekt!

120 Seiten
DM/sFr 12,90/öS 101,-
ISBN 3-88022-356-4
Rotbuch Taschenbuch 1006

Taschenbuch

ROTBUCH *Verlag*

Parkallee 2
20144 Hamburg
Tel. 040/450194-0
Fax 040/450194-55